U0920003

中社智库
国家智库报告 2016（61）
National Think Tank
"一带一路"

"丝绸之路经济带"与哈萨克斯坦"光明之路"新经济政策对接合作的问题与前景

李永全　王晓泉　主编

THE ALIGNMENT OF THE SILK ROAD ECONOMIC BELT AND THE BRIGHT ROAD OF KAZAKHSTAN:PROBLEMS AND PERSPECTIVES

中国社会科学出版社

图书在版编目(CIP)数据

“丝绸之路经济带”与哈萨克斯坦“光明之路”新经济政策对接合作的问题与前景/李永全，王晓泉主编.—北京：中国社会科学出版社，2016.10
（国家智库报告）
ISBN 978-7-5161-9205-4

Ⅰ.①丝… Ⅱ.①李…②王… Ⅲ.①丝绸之路—经济带—经济发展战略—研究—中国②国际合作—经济合作—研究—中国、哈萨克 Ⅳ.①F127 ②F125.536.1

中国版本图书馆 CIP 数据核字（2016）第 261086 号

出 版 人 赵剑英
责任编辑 王 茵
特约编辑 赵 丽
责任校对 张依婧
责任印制 李寡寡

出 版 中国社会科学出版社
社 址 北京鼓楼西大街甲 158 号
邮 编 100720
网 址 http://www.csspw.cn
发 行 部 010-84083685
门 市 部 010-84029450
经 销 新华书店及其他书店

印刷装订 北京君升印刷有限公司
版 次 2016 年 10 月第 1 版
印 次 2016 年 10 月第 1 次印刷

开 本 787×1092 1/16
印 张 11.25
插 页 2
字 数 115 千字
定 价 45.00 元

凡购买中国社会科学出版社图书，如有质量问题请与本社营销中心联系调换
电话：010-84083683
版权所有 侵权必究

课题组成员：

李永全 中国社会科学院俄罗斯东欧中亚研究所所长、中国社会科学院“一带一路”研究中心主任

王晓泉 中国社会科学院“一带一路”研究中心秘书长

张　宁 中国社会科学院“一带一路”研究中心副主任

吴宏伟 中国社会科学院“一带一路”研究中心高级研究员

李建民 中国社会科学院“一带一路”研究中心高级研究员

许　华 中国社会科学院“一带一路”研究中心研究员

肖　斌 中国社会科学院“一带一路”研究中心研究员

内容摘要:哈萨克斯坦是中国重要邻国,处于丝绸之路经济带核心区域,在共建丝绸之路经济带中可以发挥重要作用。而中国在哈萨克斯坦对外政策中也处于重要和优先位置,是哈萨克斯坦重要合作伙伴。共建"丝绸之路经济带"倡议和"光明之路"新经济政策是中哈两国领导人为适应国际政治经济发展新形势结合本国发展国情和特点提出的国家发展战略,两国在两者战略对接上已经形成高度共识。通过分析哈萨克斯坦"光明之路"新经济政策以及相关发展战略,可以看到中哈两国的对外政策、发展目标及实施战略存在高度契合,可以全方位进行合作,实现互利共赢。同时,我们也要认识到由于各种因素的影响,中哈两国合作和战略对接不会一帆风顺,需要克服很多困难。

关键词:一带一路;光明之路;对接

Abstract: The Republic of Kazakhstan, located in the center of Silk Road Economic Belt, plays a significant role in building it. And as a neighboring country, the Kazakhstan-China collaboration has been characterized at prior and highest levels.

It is the national development strategies to jointly build the Belt and Road initiative and promote Kazakhstan's new economic policy named the Bright Road that both Chinese and Kazakhstan's leaders have proposed, which properly designed according to their own characteristics confronting the newly global and regional situations.

When analyzing the Bright Road and relevant strategies, we could sense that a consensus is reinforced by a high standard of alignment and coordination not only in foreign policy, but also developmental goals, and practical strategies, which could further strengthen the all-dimensional cooperation, and realize mutual benefit.

However, we must have a fully understanding that it could not meet the interests of both in a totally smooth way due to various factors.

Keywords: the Belt and Road initiative; the Bright Road; alignment

目　　录

总报告

分报告一

分报告二

分报告三

分报告四

总报告

“丝绸之路经济带”与哈萨克斯坦“光明之路”新经济政策对接合作的问题与前景

吴宏伟

摘要 哈萨克斯坦是中国的重要邻国，处于丝绸之路经济带核心区域，在共建丝绸之路经济带中可以发挥重要作用。而中国在哈萨克斯坦对外政策中也处于重要和优先位置，是哈萨克斯坦的重要合作伙伴。共建“丝绸之路经济带”倡议和“光明之路”新经济政策是中哈两国领导人为适应国际政治经济发展新形势结合本国发展国情和特点提出的国家发展战略，两国在两者战略对接上已经形成高度共识。通过分析哈萨克斯坦“光明之路”新经济政策以及相关发展战略，可以看到中哈两国的对外政策、发展目标及实施战略存在高度契合，可以全方位进行合作，实现互利共赢。同时，我们也要认识到由于各种因素的影响，中哈两国合作和战略对接不会一帆风顺，需要克服很多困难。

关键词 丝绸之路经济带“光明之路” 对接

2013 年 9 月，习近平主席在哈萨克斯坦首都阿斯塔纳提出共建丝绸之路经济带倡议，得到丝绸之路沿线国家的积极响应。如今世界政治经济形势跌宕起伏，大宗商品价格大幅下跌，消费市场普遍不景气，世界各国普遍陷入经济发展停滞，一些国家面临前所未有的经济危机。在这种形势下，丝绸之路经济带建设无疑为很多国家发展经济、提高民众生活水平提供了难得的机遇。哈萨克斯坦特殊的地理位置和其领导人参与建设丝绸之路经济带的勇气和决心决定了其在中国丝绸之路经济带战略中的地位和作用。如何将哈萨克斯坦领导人提出的“光明之路”新经济政策与中国倡议的丝绸之路经济带建设进行对接是两国学者共同关心的重要问题。

一 “光明之路”新经济政策及其相关发展战略

（一）哈萨克斯坦提出的经济一体化建议

从 1991 年独立以后至今，哈萨克斯坦已与 139 个国家建立了外交关系，与国际基金组织、亚洲开发银行、欧洲开发银行、世界银行、伊斯兰开发银行等国际主要经济、金融组织积极开展合作。同时，哈萨克斯坦也是联合国、独联体国家、欧亚经济联盟、上合组织、伊斯兰合作组织等国际组织成员国。哈萨克斯坦在联合国等一些重要国家场合提出许多重要建议，包括亚信会议机制，显示出哈萨克斯坦期望在国际和地区事务发挥重要作用和影响的雄心。

在中亚地区内部，哈萨克斯坦也有自己的想法和打算，可以说是中亚地区经济一体化的积极倡议者和推动者。哈萨克斯坦一直想在中亚地区有所作为，筹划在中亚地区建立没有地区以外势力参与的一体化机制或组织，多次提出成立“中亚联盟”的建议，但由于没有得到多数中亚国家，特别是乌兹别克斯坦的积极响应而没能实现。甚至是已经建立的只有中亚国家参加的中亚合作组织也在俄罗斯加入后于2005年10月6日与欧亚经济共同体合并，组成新的区域合作组织——欧亚经济共同体。2014年欧亚经济共同体也走到了尽头。10月10日，欧亚经济共同体成员国在明斯克签署撤销欧亚经济共同体的协议，取而代之的是2015年1月1日正式成立的欧亚经济联盟。到目前为止，中亚五国中只有哈萨克斯坦和吉尔吉斯斯坦是欧亚经济联盟成员。其他三国或者是正在观察，研究加入欧亚经济联盟的利与弊，或者干脆就没有打算参加这一联盟。在地区经济一体化问题上，中亚各国显然持有不同的政策与目的。

在对外交往中，俄罗斯一直是哈萨克斯坦最重要的战略合作伙伴，哈萨克斯坦参与了全部俄罗斯主导的欧亚地区一体化组织和过程。哈萨克斯坦总统较早提出了建立欧亚经济联盟的设想，但响应者不多。后来俄罗斯总统普京接过这一理念，推动中亚经济共同体和俄白哈关税同盟向这一目标前进，把这一设想变成了现实。2015年1月1日欧亚经济联盟正式启动，哈萨克斯坦正式成为成员国。哈萨克斯坦虽然认同并积极参与俄罗斯主导的区域经济一体化进程，但对自己国家主权和独立十分看重，不愿意将欧亚经济联盟进一步向前推动，对威胁其主权和领土完整的任何建议和行为都持排斥的态度。

纳扎尔巴耶夫在第三届阿斯塔纳经济论坛讲话中指出欧亚地区一体化可以集中在七个方面：一是发展贸易和开放边境；二是发展交通通信基础设施；三是促进相互投资和技术交流；四是建立共同资本市场；五是稳定能源、新能源和清洁能源；六是人力资源的交流与发展；七是通过保障粮食安全稳定生活水平。哈萨克斯坦总统认为，哈萨克斯坦处于大陆中心地带，可以成为欧亚一体化的倡导者和协调员。

（二）《哈萨克斯坦——2050 战略》

1997 年哈萨克斯坦总统纳扎尔巴耶夫在国情咨文中首次提出《哈萨克斯坦——2030 战略》，确定了国家至 2030 年的长期规划、主要目标和重点领域，随后在《2010 年战略计划》中得到进一步阐述。

2010 年哈萨克斯坦出台《2020 年战略计划》，指出哈萨克斯坦面临的主要任务是：一是为后危机时代的经济发展做好准备；二是加快工业化和基础设施建设进程，并以此实现经济的可持续发展；三是加大对未来的投入，以提高人力资源的竞争力；四是为哈萨克斯坦公民提供高质量的社会和住房——公共服务；五是巩固和睦，加强国家安全，进一步发展国际关系。

为完成《2020 年战略计划》，哈萨克斯坦政府制定了《工业创新发展规划》和《国家工业化蓝图》。计划实施的项目有 162 个，投资总额为 6.5 万亿坚戈。

2013 年，据世界经济论坛评估，哈萨克斯坦已进入全球最具竞争力的 50 个国家行列。2012 年 12 月 14 日，纳扎尔巴耶夫总统发布 2013 年国情咨文，认为该战略的主要目标已经实现。哈萨克斯坦总统认为目前人类正面临十项全球性挑战：（1）时代步伐在加快；（2）全球人口失衡；（3）全球粮食安全危机；（4）水资源极端匮乏；（5）全球能源安全；（6）自然资源的枯竭；（7）第三次工业革命；（8）日益严重的社会不稳定性；（9）哈萨克斯坦文明文化价值面临的危机；（10）新的国际动荡带来的威胁。[①]

为应对新挑战，哈萨克斯坦总统认为《哈萨克斯坦——2030 战略》已无法满足需要，于是提出新的《哈萨克斯坦——2050 战略》。其主要目标就是到 2050 年在强大国家、发达经济和全员劳动潜力的基础上建成小康社会，到 2050 年跻身世界最发达国家前 30 强。《哈萨克斯坦——2050 战略》是《哈萨克斯坦——2030 战略》在现阶段的有机延续。

哈萨克斯坦总统提出了在 2050 年前需要分阶段完成的主要任务。

1. 要进一步完善国家的宏观经济政策。包括：预算政策、税收政策、货币信贷政策、国债和外债管理政策。

2. 哈萨克斯坦在发展基础设施建设上的理念应该是全新的。

3. 进一步完善国家资产管理体系。

4. 必须采用全新的自然资源管理体系。

① ［哈］纳扎尔巴耶夫：《〈哈萨克斯坦——2050 战略〉——健全国家的新政治方针》，2012 年 12 月 14 日，单行本。

5. 必须制定下一阶段工业化计划。

6. 必须实现大规模农业现代化。

7. 必须出台针对哈萨克斯坦水资源的新政策。

（三）“光明之路”新经济政策

2014 年 11 月 11 日，哈萨克斯坦总统纳扎尔巴耶夫发布 2015 年度国情咨文，题目是《光明之路——通往未来之路》。哈萨克斯坦总统认为，整个世界正面临新的威胁与挑战，为了应对新形势和新挑战，哈萨克斯坦总统提出《“光明之路”新经济政策》。新经济政策的核心是即将出台的《基础设施建设计划》。该计划预计分 5 年实施，计划投资 6 万亿坚戈，国家财政投入约占 15%。

1.《“光明之路”新经济政策》主要内容

（1）完善交通—物流基础设施。主要是通过公路、铁路和航空干线，以放射线原则将哈萨克斯坦国内各宏观区域与阿斯塔纳相互连接：中国西部—西欧、阿斯塔纳—阿拉木图、阿斯塔纳—乌斯季卡缅诺戈尔斯克、阿斯塔纳—阿克托别—阿特劳、阿拉木图—乌斯季卡缅诺戈尔斯克、卡拉干达—杰孜卡兹甘—克孜勒奥尔达、阿特劳—阿斯特拉罕。此外，还需要在里海建设港口设施，在哈萨克斯坦东部建设物流枢纽。哈萨克斯坦政府正在研究在中国、伊朗、俄罗斯和欧盟国家建设或租用陆港和海港码头问题。

（2）加快工业基础设施建设。基础设施建设将会带动建材、交通、能源、住房、公共设施等领域产品和服务的巨大需求。

①继续完成现有经济特区基建工作。

②在各地建设新的工业区。

③促进旅游业基础设施的发展。

（3）能源基础设施。解决南部地区电网不足而导致电力不足，中部和东部天然气管网不足而出现天然气短缺问题。

①耶克巴斯图兹—谢梅—奥斯卡曼高压电网。

②谢梅—阿克托海—塔勒迪库尔干—阿拉木图高压电网。

（4）优化住宅公共事业基础设施建设以及供水、供热网路的建设。投资不低于2万亿坚戈。至2020年每年投资不低于2000亿坚戈。鼓励欧洲复兴开发银行、亚洲开发银行、伊斯兰开发银行及个人投资者投资。

（5）加强住宅基础设施建设。主要是廉租房和低价商品房建设。

（6）社会事业基础设施建设。主要是解决校舍紧缺和缺少学前教育机构问题。确定10所与科技产业和技术教育培训有关的高校，增加这些高校物资和技术设备投入。

（7）继续扶持中小型企业和商业经营。2015—2017年要有效利用亚洲开发银行、欧洲复兴开发银行、世界银行贷款促进中小企业发展。

2.《“光明之路”新经济政策》预期效果

（1）未来几年成为哈萨克斯坦经济增长重要的推动力，有助于哈萨克斯坦进入世界30个最发达国家行列。

（2）提供大量工作岗位，仅道路建设就可以创造20万个工作岗位。

（3）带动水泥、钢铁、机械、石化、设备制造及相关服务领域发展。

（4）形成从首都阿斯塔纳辐射全国各地的公路、铁路和航空线路交通网络。修建新的高速公路，提高国际运输能力。提高哈萨克斯坦人的生活水平和质量。

3.《"光明之路"新经济政策》框架下一些重大项目

（1）2015 年在"光明之路"计划框架内实施了欧洲—中国西部、阿斯塔纳—阿拉木图、阿斯塔纳—乌斯季卡缅诺戈尔斯克等 8 条公路建设。2015 年 7 月，霍尔果斯—东大门自贸区开始运营，哈萨克斯坦预计到 2020 年经霍尔果斯—东大门自贸区进出境货物将达 440 万吨/年。[①] 2015 年 5 月纳扎尔巴耶夫总统在政府扩大会议上责成政府在阿拉木图周围建立新机场。新航空枢纽将不仅限于组建机场，还将形成航天城，包含各类功能的基础设施等。据哈萨克斯坦官员表示，项目选址工作和公司已经确定，枢纽内将成立各类中心、公园和休闲场所，预计总投资额接近 80 亿美元。[②]

（2）按照哈萨克斯坦领导人要求，哈萨克斯坦各地也

① 《哈萨克斯坦投资发展部部长进行 2015 年工作总结》（刘琰），2016 年 1 月 6 日，文章来源：中国驻哈萨克斯坦经商参处，http：//kz. mofcom. gov. cn/article/jmxw/201601/20160101227887. shtml。

② 《阿拉木图国际航空枢纽项目投资额约 80 亿美元》（刘博），2015 年 11 月 25 日，文章来源：中国驻哈萨克斯坦经商参处，http：//kz. mofcom. gov. cn/article/jmxw/201511/20151101193996. shtml。

都制定了自己的发展规划，如《2030年前阿斯塔纳市稳定发展战略规划》和《2011—2015年阿拉木图市发展规划》。

（3）哈总统纳扎尔巴耶夫2015年5月在阿斯塔纳经济论坛上表示，哈萨克斯坦将会在阿斯塔纳建设国际金融中心。2017年哈萨克斯坦将举办世博会，为此正在兴建各类大型设施。世博会之后这些设施将全都转交给金融中心。

（四）“百步计划”

“百步计划”是哈萨克斯坦政府为落实纳扎尔巴耶夫总统提出的五大改革目标而制定的具体举措，是应对国际和国内潜在威胁和挑战、保障国家长远发展、推动哈萨克斯坦进入全球最发达30国之列的国家纲领。“百步计划”分为五部分：建设专业化的国家机关、加强法制建设、落实工业化和保障经济增长、建立责任型政府。总共提出100条具体措施和实施办法。

（五）“第一个五年计划”和“第二个五年计划”

2009年纳扎尔巴耶夫总统责成政府研究制定加快国家创新发展的纲领性文件，2010年颁布和实施了《加快工业创新发展国家纲要2010—2014年》（第一个五年计划）。为进一步推动本国工业化进程和大力发展创新型加工业，哈萨克斯坦政府成立了以总理兼工新部部长为首的编制委员会，在吸取上一阶段经验教训的基础上，制定了《工业创新发展国家纲要2015—2019》（第二个五年计划），确定了未来五年哈萨克斯坦加工业发展的整体方向、目标和措施。

第二个五年计划目标是提高本国工业制造业的竞争力，推动实现哈萨克斯坦经济结构多元化，保障经济可持续稳定增长。规划表明，哈萨克斯坦在2015—2019年将重点发展16个制造行业，14个为实体加工业（黑色冶金业、有色冶金业、炼油、石化、食品、农药、工业化学品、交通工具及配件和发动机制造业、电气、农业机械制造业、铁路设备制造业、采矿业机械设备制造业、石油炼化开采机械设备制造业、建材），其余两个为创新和航天工业。[①]

① 《解读哈第二个五年计划》（李硕），2014年7月11日，文章来源：中国驻哈萨克斯坦经商参处，http://kz.mofcom.gov.cn/article/ztdy/201407/20140700659453.shtml。

二 “丝绸之路经济带”与“光明之路”政策的对接

在推进丝绸之路经济带建设的过程中，将中国“丝绸之路经济带”战略与哈萨克斯坦“光明之路”新经济政策进行对接是中哈两国领导人达成的共识。在 2015 年 8 月 31 日发表的《中华人民共和国和哈萨克斯坦共和国关于全面战略伙伴关系新阶段的联合宣言》中指出，“中国‘丝绸之路经济带’倡议和哈萨克斯坦‘光明之路’新经济政策相辅相成，有利于深化两国全面合作。双方将以此为契机进一步加强产能与投资合作。”“双方将本着开放精神和协商、协作、互利原则，共同就‘丝绸之路经济带’倡议和‘光明之路’新经济政策进行对接开展合作。”

（一）中国与哈萨克斯坦关系

中国与哈萨克斯坦有天然的地理联系，两国有长达 1738 公里的边界线，有众多的跨界河流，有公路、铁路、原油和天然气管道、空中航线相连，中国与哈萨克斯坦有5个陆路口岸：阿拉山口口岸、霍尔果斯口岸、巴克图口岸、吉木乃口岸和都拉塔口岸。两国有人口众多的跨界民族。到2014年，中国新疆哈萨克族人口数量为159.87万人，而哈萨克斯坦哈萨克族有1120万人。除此之外，维吾尔人、俄罗斯人、鞑靼人、东干人（在我国为回族）等民族在两国都有分布。

中国与哈萨克斯坦有密切的经济联系。中国第一条跨境输油管道中哈石油管线已经安全运营近10年，每年运送原油近1200万吨（2015年有所减少）。中国第一条跨境天然气管道中国—中亚天然气管道A、B、C三线均从哈萨克斯坦入境。1992年，中哈贸易额仅相当于1.04亿美元，1995年两国贸易额达到3.32亿美元，到2014年根据哈萨克斯坦统计委员会数据，哈中贸易额为172.5亿美元。中国已经是哈萨克斯坦的第一大贸易伙伴，是哈萨克斯坦第二大出口市场和第一大进口来源地。[①] 2015年哈中

---

① 《2014年哈萨克斯坦货物贸易及中哈双边贸易概况》，http://country report.mofcom.gov.cn/record/view110209.asp?news_id=43486。

贸易额受世界经济大环境影响下降幅度较大。1—9 月，哈萨克斯坦与中国双边货物进出口额为 83.0 亿美元，下降 37.4%。[①]

2015 年 12 月 15 日哈萨克斯坦成为世界贸易组织正式成员，这为中国与哈萨克斯坦理顺贸易关系，减少欧亚经济联盟带来的不利影响创造了较好条件。哈萨克斯坦还是中国在独联体地区重要的投资目的地国。2015 年 8 月 31 日，纳扎尔巴耶夫与习主席会谈时表示，当前哈中关系进入新的发展阶段，双方达成的共识正在落实，哈方将积极推动中方丝绸之路经济带建设与哈萨克斯坦“光明之路”新经济政策对接。

在中国把中亚国家作为重要周边出口市场和运输通道。同时，哈萨克斯坦也把中国越来越看作重要的出口市场。哈萨克斯坦把具有较大出口潜力的国家分为三类：一类市场包括中亚、中国、伊朗、阿富汗、俄罗斯和欧盟；二类市场包括阿塞拜疆、土耳其、乌克兰和蒙古；

① 《2015 年 1—9 月哈萨克斯坦货物贸易及中哈双边贸易概况》，http://countryreport.mofcom.gov.cn/record/qikan110209.asp?id=7665。

三类市场包括约旦和埃及的其他国家。哈萨克斯坦需要最大限度地考虑这些国家现在和未来的消费需求和哈萨克斯坦的出口能力。哈萨克斯坦农业出口潜力集中在小麦和面粉上，与此同时，哈萨克斯坦认为中国对于油料作物的需求在不断增长，大豆进口量长期超过 2000 万—2500 万吨/年，达到 4200 万吨/年。而哈萨克斯坦有继续扩大生产和出口的可能性，阿拉木图州、东哈州、江布尔州可能成为向中国市场出口大豆的主要地区。

（二）中国与哈萨克斯坦外交关系

（1）俄罗斯始终是哈萨克斯坦外交最优先方向，是中哈经贸合作最大的外来影响因素。

在哈萨克斯坦总统历年发布的国情咨文中，只要涉及哈萨克斯坦对外政策，俄罗斯基本都被处于最优先位置。哈萨克斯坦对外政治活动的战略方向之一是发展与俄罗斯的全面合作。两国利益在很多方面都是吻合的。哈萨克斯坦将巩固与俄罗斯共同的经济、防御、人文信息空间。虽然哈萨克斯坦将对俄关系放在首位，但哈萨克斯坦与俄形成的联盟关系应该是平等、尊重主权和领土完整、相互信任，不从事破坏哈俄友好、合作与互助条约的行为。[①] 哈萨克斯坦将俄看作最主要的合作伙伴表明，在重大国际和地区问题上哈萨克斯坦都会与俄罗斯保持一致立场。这是哈中关系中可能受到影响的最大外来因素。

（2）中国在哈萨克斯坦外交中的地位。

在哈萨克斯坦总统纳扎尔巴耶夫历次涉及哈萨克斯坦对外政策的国情咨文中，中国在哈萨克斯坦对外政策中都占有比较重要的位置，有时是排在俄罗斯之后。这反映出中俄两国在哈对外政策中的位置。如 2008 年 2 月 6 日总统在国情咨文《提高哈萨克斯坦的国民福利是国家政策的主要目的》中强调，哈萨克斯坦“应继续加强同俄罗斯、中国和中亚国家的经济与政治合作，为地区的稳定、开放对话和相互协作打下牢固的基础”。2013 年 9 月纳扎尔巴耶夫在接受中国媒体采访时表示，与中国深化合作是哈外交政策优先方向之一。[②]

① ［哈］卡·托卡耶夫：《中亚之鹰的外交战略》，赛力克·纳雷索夫译，新华出版社 2002 年版，第 9 页。

② 周良：《习近平主席访哈对两国意义重大——访哈萨克斯坦总统纳扎尔巴耶夫》，中央政府门户网站，www. gov. cn，2013 年 9 月 5 日。

哈萨克斯坦前总理托卡耶夫在《中亚之鹰的外交战略》一书中指出："在21世纪，另外一个大国——中国在世界事务中的作用正在日益提高。人口众多、经济快速增长、保障生产和人力资源动员能力的强大的国家意识形态，已经将中国推向国际社会的主要地位。""在未来的历史前景中，可能形成的局面是，追求世界领导地位的国家形成'大三驾马车'"。[①]

（三）中国与哈萨克斯坦已有的在丝绸之路经济带框架下的合作

1. 口岸建设

在丝绸之路经济带建设中哈萨克斯坦处于十分重要和关键的地位。中哈之间有五个陆路口岸。其中，最重要的是阿拉山口口岸和霍尔果斯口岸。

阿拉山口口岸。是新欧亚大陆桥的中枢和新疆对外开放的重要门户，担负中国向西开放，尤其是发展同中

① ［哈］卡·托卡耶夫：《中亚之鹰的外交战略》，赛力克·纳雷索夫译，新华出版社2002年版，第5页。

亚、西亚和欧洲国家贸易往来的重要战略任务。它是一个具有公路、铁路、输油管道三种运输方式并存的口岸。2012 年 12 月设立阿拉山口市。2014 年 6 月阿拉山口综合保税区封关运营。2014 年通关过货量达到 2545.1 万吨，中哈管道进口原油 1205.37 万吨。[①]

霍尔果斯口岸。西北地区运能最大的国家一类陆路公路口岸，“四位一体”，交通便利，地理位置得天独厚。霍尔果斯口岸是“双西工程”——“欧洲西部—中国西部”交通走廊的重要节点。东起中国连云港，经过霍尔果斯，西至俄罗斯第二大城市圣彼得堡，全长 8445 公里。目前国内连霍高速公路全线贯通。

中国—中亚天然气管道从霍尔果斯入境，与中国西气东输管道连接，目前已建成 ABC 三条管线，输气能力达 550 亿立方米/年。霍尔果斯口岸是中哈间第二条跨境铁路连接地。新疆第一条电气化铁路——中哈铁路已通车运营，运输能力为 2200 万吨。位于

① 孙亭文、杨洋：《新疆阿拉山口口岸 2014 年通关过货 2545.1 万吨》，中国新闻网，2015 年 1 月 8 日。

伊犁哈萨克自治州首府伊宁市的伊宁机场已被列为口岸国际机场。

2. 中哈霍尔果斯国际边境合作中心建设

中哈霍尔果斯国际边境合作中心是我国与周边国家建立的首个跨境自由贸易区，也是上海合作组织框架下区域合作示范区。2004 年中哈两国签订《关于建立中哈霍尔果斯国际边境合作中心的框架协议》。2006 年国务院明确了功能定位和优惠政策。2011 年 12 月正式封关运营。2013 年成为跨境人民币创新业务试点地区。

3. 新欧亚大陆桥建设

新欧亚大陆桥的建成是中哈两国合作的一个重要里程碑。依托交通走廊中国内地开通了多条经中国新疆、哈萨克斯坦、俄罗斯到欧洲的货运班列，如“渝新欧”“汉新欧”“西新欧”“粤新欧”“义新欧”等。这些班列缩短了将中国商品出口到欧洲的时间。连云港市政府与哈萨克斯坦国有铁路股份有限公司签署了中哈国际物流合作项目协议，为哈萨克斯坦商品出口东亚和太平洋地区提供了便利。

（四）"丝绸之路经济带"与"光明之路"可以对接的领域

1. 向哈萨克斯坦进行优质产能转移

中国领导人提出共建丝绸之路经济带倡议后，哈萨克斯坦是回应比较积极的国家之一。2014 年李克强总理访问哈萨克斯坦，中哈两国原则上达成从中国向哈萨克斯坦进行产业转移的计划。双方签署了价值 140 亿美元的合作文件，就 180 亿美元的"中哈合作框架协议"达成初步共识。

哈萨克斯坦愿意接受中国产能转移，说明哈萨克斯坦在这方面有强劲的需求，但将优质产能转移到哈萨克斯坦等中亚国家需要考虑很多因素。近年来哈萨克斯坦为摆脱对能源产业的依赖，大力发展非能源产业，但哈萨克斯坦人口不多，市场有限，周边国家更是如此，因此生产的产品迫切需要寻找出路。如果中国不经过前期调研和周密计划，将大量产能转移到哈萨克斯坦，会重新造成哈萨克斯坦的产能过剩。哈萨克斯坦可能会利用与中国密切关系将这些产品返销到中国。虽然有欧亚经济联盟，但欧亚经济联盟内部并没有真正实现统一大市场，中国企业在哈萨克斯坦、白俄罗斯、吉尔吉斯斯坦等国生产的产品能否顺利进入俄罗斯市场还是未知数。

2. 参与哈萨克斯坦基础设施建设

"光明之路"计划在交通基础设施领域最核心的打算主要是通过公路、铁路和航空干线，以放射线原则将哈萨克斯坦国内各宏观区域与阿斯塔纳相互连接。另外，作为一个内陆国家，寻找一个稳定便捷的出海通道是哈萨克斯坦多年来一直没有放弃的目标，利用新欧亚大陆桥满足哈萨克斯坦的这个需求是中哈合作的一个重要领域。在"光明之路"计划中提出的交通基础设施、能源基础设施、民生工程建设都是中国企业可以积极参与、很有作为的领域。哈萨克斯坦在2015—2019年第二个五年计划中重点发展的黑色冶金业、有色冶金业、炼油、石化、食品、农药、工业化学品、交通工具及配件和发动机制造业、电气、农业机械制造业、铁路设备制造业、采矿业机械设备制造业、石油炼化开采机械设备制造业、建材等行业也是中国企业的强项。另外，把哈萨克斯坦建设成连接东西方的通道和交通走廊是哈萨克斯坦多年来一直都在推动的重大项目，这点与中国丝绸之路经济带建设中通过中亚、俄罗斯到欧洲和通过中亚到西亚、中东的交通走廊建设规划高度契合。

3. 参与哈萨克斯坦国有企业私有化计划

2015 年 11 月 30 日，哈总统纳扎尔巴耶夫在其国情咨文中提到，哈萨克斯坦将推行国有企业大规模私有化，他要求有关部门制订相关计划。总统表示，目前哈萨克斯坦有七千多家国有企业，数量过大，不利于市场竞争。只有通过对其大规模私有化，才能加强市场竞争，确保哈萨克斯坦经济稳定增长。为此，哈萨克斯坦政府公布了 2016—2020 年将要进行私有化的国有企业名单。

哈萨克斯坦对国有企业私有化对中国与哈萨克斯坦战略对接既是机遇，也是挑战。中国可以借此机会鼓励中国企业对哈萨克斯坦一些运转良好并具有较大发展潜力的企业进行投资，参与其私有化，避免在哈萨克斯坦盲目投资，重复建设。

三 “丝绸之路经济带”与“光明之路”对接的难点

（一）哈萨克斯坦经济陷入最困难时期，一些重大项目将被迫取消或暂停

2015年，随着乌克兰危机爆发、西方与俄罗斯相互进行制裁以及国际能源产品价格大幅下跌，和俄罗斯经济联系比较密切以及对石油出口依赖较大的哈萨克斯坦经济逐步陷入困境。石油收入减少导致财政收入处于较低水平，财政赤字增加。本币坚戈大幅贬值，到2016年1月12日，哈萨克斯坦交易所美元对坚戈平均成交价已经达到1美元兑换365.08坚戈。坚戈大幅贬值的直接后果是民众对本币失去信任，纷纷把手中的坚戈兑换成美元。直接结果是市场美元化趋势越来越明显。银行存款中，本币存款有较大幅度下降，而外汇存款有明显上升。到2015年11月，哈萨克斯坦银行存款美元化率已达63%，对哈萨克斯坦金融体系及坚戈地位造成潜在威胁。市场上出现外币逐渐代替坚戈在哈萨克斯坦国内现金流

通、存款币种、支付方式等地位的趋势。哈萨克斯坦总统在2016年国情咨文中专门谈到这一问题。同时，货币贬值还直接推高了通货膨胀。哈萨克斯坦国民经济部统计委员会数据表明，2015年10月哈萨克斯坦通胀率为5.2%，创下十年以来的最大值。此外，受国际经济形势以及俄罗斯与西方国家、土耳其相互制裁影响，哈萨克斯坦国际贸易额，甚至欧亚经济联盟内部贸易额都有较大幅度下降。

受世界经济不景气和哈萨克斯坦货币大幅贬值影响，2015年哈萨克斯坦实体经济市场需求下滑，受影响的企业越来越多。由于制成品需求降速明显，从而导致贷款、商业和投资积极性减退，坚戈贷款利率持续走高等。① 另外，加工行业的销售利润下降明显，实体经济行业亏损和低利润企业数量明显增加。经济陷入危机之后市场收紧，没有人愿意投资新计划。包括国际知名企业在内的很多大型企业都宣布暂停投资，大多数企业得不到信贷支持，一些企

① 《哈企业正在承受由坚戈贬值带来的巨大损失》（刘博），2015年11月18日。文章来源：中国驻哈萨克斯坦经商参处，http：//kz.mofcom.gov.cn/article/jmxw/201511/20151101187684.shtml。

业面临着生死存亡的考验。在此情况下只能依靠国企进行工业化，这使国有经济在哈萨克斯坦经济结构中的比重也越来越大。

而国家财政收入、企业收入和居民个人收入减少使国内消费市场低迷，投资减少，很多重大基础实施建设项目停滞，"光明之路"计划规划的很多项目都无法实施，这对中国丝绸之路经济带战略与哈萨克斯坦国家发展规划进行战略对接将造成很大影响。

为应对面临的经济危机，哈萨克斯坦领导人和哈萨克斯坦政府出台一系列反危机措施，主要思路集中体现在哈萨克斯坦总统纳扎尔巴耶夫 2015 年 12 月发表的国情咨文中。同时哈萨克斯坦总理马西莫夫表示，哈萨克斯坦要将此前讨论过的现行扶持企业规划进行整合，形成统一的反危机计划，并责成哈萨克斯坦国民经济部负责此项工作。在此之后，国内实施的两项规划分别是《反危机计划》和《就业规划》。

（二）"中国威胁论"在哈萨克斯坦比较有市场。

长期以来，哈萨克斯坦是中国负面消息和"中国威胁论”传言较多的中亚国家。主要原因：一是苏联时期反华宣传的后遗症至今没有消除。二是在哈萨克斯坦的中国移民人数是一个敏感话题。为提高本国哈萨克族人口比例，哈萨克斯坦极力欢迎和鼓励中国哈萨克族人大量移民哈萨克斯坦，但哈萨克斯坦媒体又把中国哈萨克族人都算作中国人，使很多哈萨克斯坦人误认为来的都是中国汉族人，对哈萨克斯坦形成威胁。三是关于中国境内哈萨克族生活状况、中哈跨界河流开发利用、中国在哈萨克斯坦移民人口增加等消息都能引起哈萨克斯坦社会较大关注。四是哈萨克斯坦俄语普及程度使俄罗斯舆论对哈萨克斯坦有较大影响力，西方和俄罗斯一些反华势力散布的“中国威胁论”可以很快扩散到哈萨克斯坦等国。反华言论成为反对派获取民众支持的一种手段。对中国来说，在与哈萨克斯坦进行丝绸之路经济带战略对接中需要重视的不仅仅是对基础设施建设的投资和对接，对“民心相通”工程还需要有更多投入才行。

（三）苏联“标准”与“国际标准”对接不容易。

哈萨克斯坦曾是苏联的一个加盟共和国，在经济领域各方面使用标准与西方国家有较大不同，两者很难兼容。哈萨克斯坦独立以后虽然在经济上与西方国家建立了密切联系，接受了一些国际通用标准，但主要体系与技术标准依然是原来的标准。特别是欧亚经济共同体建立以后，随着俄罗斯大力推动统一能源市场、统一电力市场等一系列加强对成员国控制措施实施，苏联"标准"有进一步得到强化的趋势。这给通常采用国际标准的中国企业参与哈萨克斯坦基础设施建设和技术改造带来很大困难，这可能是中哈两国实现丝绸之路经济带建设与"光明之路"新经济政策实行对接的最大障碍之一。如中哈两国铁路在阿拉山口和霍尔果斯对接，形成两大战略通道，但由于中哈两国轨距不同，必须要在口岸换装。阿拉山口口岸换装能力经过几次大规模改造，仍然不能满足实际需求。塔吉克斯坦和吉尔吉斯斯坦等国也都希望修建连接中国的铁路，但如果仍然需要在口岸进行货物换装，这会大大降低通关效率，成为制约东西方贸易的瓶颈。

分报告一

“丝绸之路经济带”与哈萨克斯坦“光明之路”计划对接中的宏观经济环境

肖　斌

为了实现经济增长，哈萨克斯坦总统纳扎尔巴耶夫于2014年11月11日宣布“光明之路”新经济计划，即通过投资促进经济结构转型，继而拉动经济增长。“光明之路”新经济计划核心就是哈萨克斯坦的“基础设施建设计划”，该计划预计分5年实施，主要目标包括：第一，完善交通—物流基础设施。这将通过打造宏观区域，按照枢纽原则予以实施。首先需要落实的主要公路项目有：中国西部—西欧、阿斯塔纳—阿拉木图、阿斯塔纳—乌斯季卡缅诺戈尔斯克、阿斯塔纳—阿克托别—阿特劳、阿拉木图—乌斯季卡缅诺戈尔斯克、卡拉干达—杰孜卡兹甘—克孜勒奥尔达、阿特劳—阿斯特拉罕。第二，加快工业基础设施建设。基础设施建设项目的发展，将带动对于建材、交通、通信、能源、住房、公共设施等领域的产品和服务的巨大需求。首先，我们应当完成在现有经济特区开展的基建工作。中央政府和地方政府要抓紧完成经济特区具体发展方案的制定。其次，应在各地建设新的工业区，以推动中小企业的发展，促进招商引资工作。而另一个发展方针是促进旅游业基础设施的发展。第三，发展能源基础设施建设。打造“耶克巴斯图兹—谢梅—奥斯卡曼”和“谢梅—阿克托海—塔勒迪库尔干—阿拉木图”高压电网建设。第四，优化住宅公共事业的基础设施建设以及供水、供热网路的建设。第五，加强住宅基础设施的建设。第六，加强社会事业基础设施的发展。首先，就是要解决校舍紧缺和三班次轮流上课的问题。其次是解决缺少学前教育机构的问题。在工业化规划的框架内，充实这些与科技产业和技术教育培训有关的10所高校的物资和技术设备。第七，需要继续开展扶持中小型企业和商业经营方面的工作。

一 哈萨克斯坦宏观经济形势主要指标

哈萨克斯坦是中亚国家中最大的经济体。截至 2014 年 12 月国内生产总值为 2122 亿美元，人口 1729 万。[①] 根据世界银行的评估，哈萨克斯坦属于中高等收入国家。

（一）政策环境

选择三权分立制，总统权力较大。现任总统纳扎尔巴耶夫自独立以来已连续执政 25 年，是哈萨克斯坦内政外交的核心决策者。根据哈萨克斯坦宪法，总统权力包括：提交关于国家国情和国内政策、外交政策的基本方针的年度咨文；决定议会选举事宜，接受议员宣誓，召集议会两院联席会议，批准法律；经过议会同意，任免总理；确定哈萨克斯坦政府以及其他中央直属机构，任免内阁成员和其他中央直属机构人员；接受内阁成员宣誓，主持政府就重要问题召开的会议；责成政府向议会

① 数据来源：世界银行，哈萨克斯坦国家统计局。

提交法律草案；终止政府、州、共和国直辖市和首都行政长官颁布的命令；经过议会同意，任免国家银行行长；经参议院同意，任免国家总检察长和国家安全委员会主席；任免国家外交代表机构的首席代表。

哈萨克斯坦议会是最高立法机构，由上议院和下议院组成，上议院议员 47 人，有 15 人由总统任命，参议员任期 6 年，下议院议员 107 人，其中 98 人按比例选举，选举门槛为 7%，其余 9 名下议员由哈萨克斯坦人民大会选出，下议员任期 5 年。哈萨克斯坦被分为 14 个行政区（州）和 2 个直辖市（阿斯塔纳、阿拉木图），行政区及直辖市有自己的公共管理机构，但机构负责人由总统任命。

哈萨克斯坦法院由最高法院、地方法院及其他法院（行政、军事、经济、少年等）组成。最高法院院长由总统提名并由上议院投票通过。地方及其他司法机关负责人由最高司法委员会建议并由总统任命。

宪法委员会是国家组成机构，确保宪法在哈萨克斯坦的权威，对宪法进行官方解释，该机构由 7 名成员组成，任期 6 年，主席及两名成员由总统任命，上议院和下议院分别任命 2 名成员。离任总统在宪法委员会中有成为终身成员的权利。

（二）GDP年增长率及人均GDP

哈萨克斯坦经济的快速增长始于1999年的石油价格上涨，到2007年年均GDP的增长率为9.37%。世界金融危机的发生使哈萨克斯坦经济从2007年8.9%的年增长率跌落至2009年的1.2%。从2010年开始哈萨克斯坦经济开始逐步回升，但哈萨克斯坦经济的"荷兰病"十分典型，尽管国际原油价格在2010年至2014年6月前布伦特原油报价都保持60美元/桶之上，但哈萨克斯坦GDP年平均增长率仅为3.84%。[①]2015年6月16日哈萨克斯坦国民经济部统计委员会主席表示，预测2015年上半年国家经济增长速度在1.7%—1.8%。给出这一预测是基于前5个月哈萨克斯坦GDP增速已经达到1.7%。另外，第一季度GDP增速为2.2%，2014年全年GDP增速为4.3%，预计2015年经济增速将在1.5%—2%。此外，2015年6月12日哈萨克斯坦国家经济部统计委员会

① 数据来源：世界银行，http：//data.worldbank.org.cn/country/kazakhstan。

称，2015 年 5 月份哈萨克斯坦失业率保持在 4 月份的 5% 的水平，即 5 月份哈萨克斯坦失业人数为 45.3 万人，而 5 月底在就业机构登记的失业人数为 6.31 万人，占经济活跃人口的 0.7%。①

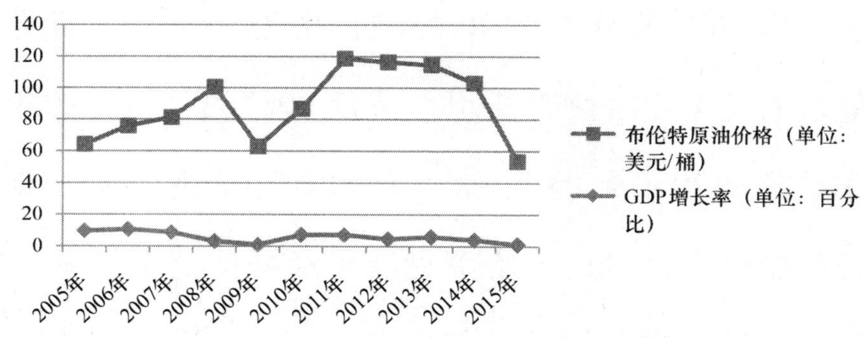

图 1　2005—2015 年哈萨克斯坦 GDP 增长率与国际能源价格比较

数据来源：世界银行、BP 公司。

哈萨克斯坦人均 GDP 整体上呈现增长趋势，但受国际油价影响较大。例如，受国际金融危机持续影响，国际油价低迷，原油出口收入锐减，与 2008 年相比，2009 年哈萨克斯坦人均 GDP 下降 15%，同样受国际油价影响，哈萨克斯坦 2014 年人均 GDP 比 2013 年下降 0.9%。预计 2015 年哈萨

① 数据来源：中国驻哈萨克斯坦大使馆商务经济参赞处，http://kz.mofcom.gov.cn/article/jmxw/? 31。

克斯坦的人均 GDP 为 14064 美元。①

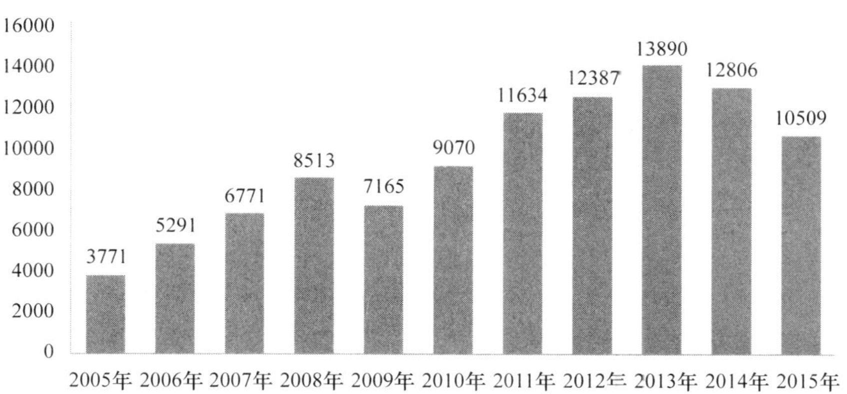

图 2　2005—2015 年哈萨克斯坦人均 GDP 变化（单位：美元）

（三）总储备

2005—2015 年哈萨克斯坦总储备基本上处于上升趋势，中间虽有小幅下降但幅度不大，其中 2013 年是降幅最大的一年（见图 3），总储备比 2012 年减少了 36 亿多美元，主要原因：一是国际能源价格持续低位震荡，二是美国退出量化宽松政策，三是俄罗斯卢布持续贬值导致哈萨克斯坦出口低迷。在上述原因的综合作用下，哈萨克斯坦坚戈一直面临着较大的贬值压力，到 2013 年年底，美元

① https：//www. gfmag. com/global-data/country-data/kazakhstan-gdp-country-report.

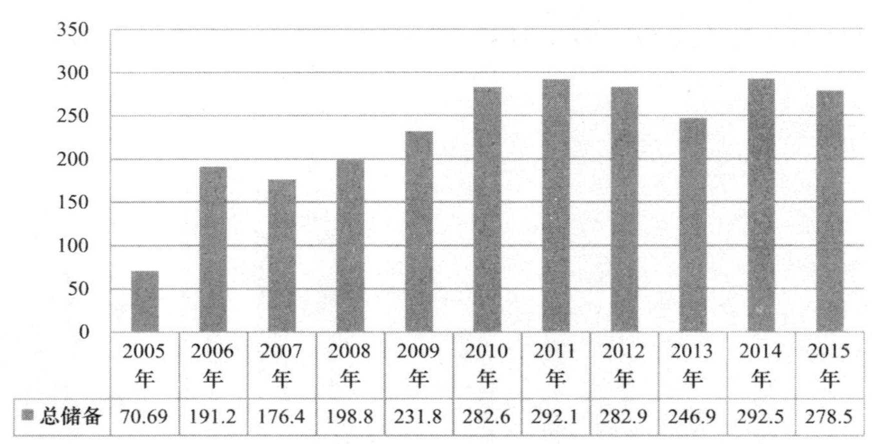

图3 2005—2015年哈萨克斯坦总储备（包括黄金，按现值美元计，单位：亿美元）

数据来源：世界银行，总储备包括黄金，按现值美元计。

对坚戈汇率由年初的1∶150.74降至1∶153.61，下降幅度达到2%。也就是说，2013年，哈萨克斯坦中央银行通过采取公开发表声明和干预外汇市场的措施稳定坚戈汇率，美元对坚戈汇率虽几度反弹，但仍保持贬值趋势。截至2014年2月20日，美元对坚戈汇率为1∶184.54，较2013年年底下降18.6%，已经进入了哈萨克斯坦中央银行调控设定的汇率区间。

根据哈萨克斯坦国家银行数据，2015年8月份国家外汇储备（包括央行外汇储备和国家基金）为978.61亿美元，环比增长了0.7%，与年初相比下降了4.5%。其中，央行外汇储备为290.85亿美元，环比增长了0.4%，与年初相比增长了0.6%；国家基金687.76亿美元，环比增长了0.9%，较年初相比下降了6.5%；央行外汇净储备287.72亿美元。外汇储备中货币储备为214.78亿美元，下降了1.3%，黄金资产储备为76.08亿美元，增长了5.3%。

（四）货物进出口总额及其对GDP的贡献率

自2005年以来，哈萨克斯坦进出口贸易增长很快，截至2013年哈萨克斯坦年进出口贸易总额已达1505.9亿美元，比2005年增加了2.69倍。尽管贸易额依然对GDP有较大的贡献率，但逐渐下降。除国际原油市场需求不足外，哈萨克斯坦选择积极的财政政策对促进经济增长也起到了一定的正面作用。

表1　2005—2015年哈萨克斯坦货物进出口及经常项目余额变化

（单位：百万美元，%）

	2005年	2006年	2007年	2008年	2009年	2010年	2011年	2012年	2013年	2014年	2015年
货物进出口总额	55845	74080	96631	125828	87364	109759	140843	153757	150592	13639	N/A

续表

	2005 年	2006 年	2007 年	2008 年	2009 年	2010 年	2011 年	2012 年	2013 年	2014 年	2015 年
贸易额（占 GDP 的百分比）	97	91	92	94	75	74	74	75.5	64.9	63.2	53.3

数据来源：世界银行。

哈萨克斯坦主要的出口商品是石油及其衍生产品、天然气、有色金属、化学品、机器、谷物、羊毛、肉类和煤炭等。2014 年的主要出口伙伴是中国（15.9%）、俄罗斯（12.1%）、德国（9.5%）、法国（8.5%）、意大利（5.3%）、希腊（5.3%）和罗马尼亚（5%）；主要进口商品是机械设备、金属制品和食品，主要进口来源国为俄罗斯（32.2%）、中国（29%）、德国（5%）。据哈萨克斯坦统计委员会数据，2014 年 1—11 月份，哈萨克斯坦进出口贸易总值 1105.88 亿美元，同比下降 9.9%。其中，哈萨克斯坦出口总值 732.69 亿美元，同比下降 6.7%；进口总值 373.19 亿美元，同比下降 13.6%。[①] 随着国际油价

① 中国驻哈萨克斯坦大使馆商务经济参赞处，http://kz.mofcom.gov.cn/article/jmxw/201501/20150100870510.shtml。

长期低迷不振，2015 年哈萨克斯坦进出口贸易也受到影响。哈萨克斯坦国民经济部统计委员会称，2015 年 1—7 月哈萨克斯坦外贸额 459 亿美元，同比下降 36.2%，其中出口额 278 亿美元，下降 43.2%；进口额 181 亿美元，下降 21.2%；贸易顺差 97 亿美元，同比下降 61.5%。对欧亚经济联盟国家出口额 27.7 亿美元，同比下降 26.9%；进口额 64.18 亿美元，同比下降 19.6%。哈萨克斯坦商品的主要进口国为意大利（18.3%）、荷兰（11.9%）和中国（11.3%），主要对哈萨克斯坦出口国为俄罗斯（33.9%）、中国（17%）和德国（5.7%）。[①]

二 哈萨克斯坦的投资环境

（一）货币银行系统

根据哈萨克斯坦《银行和银行业务法》规定，哈萨克斯坦共和国实行二级银行体系。国家银行（以下简称

① 中国驻哈萨克斯坦大使馆商务经济参赞处，http：//kz.mofcom.gov.cn/article/jmxw/201509/20150901112807.shtml。

央行）是该国的中央银行，为银行体系中的一级银行，是哈萨克斯坦共和国银行体系的最高级别银行。其他所有银行为银行体系的二级银行（以下简称银行）。央行是实行垂直领导的集中统一机构，管理机关是董事会和经理委员会。截至 2014 年 10 月哈萨克斯坦国家银行共批准了 38 个二级银行。在哈萨克斯坦的政府间银行可依据哈萨克斯坦政府与其他国家签订的国际条约建立。目前哈萨克斯坦有两个主要银行协会，哈萨克斯坦银行协会和哈萨克斯坦金融机构协会。哈萨克斯坦证券交易市场（Kazakh Stock Exhange，KASE）是哈萨克斯坦国内唯一有组织的金融交易工具，该机构被分为 6 个主要部分：外汇、股票、公司债券、政府债券、回购操作和衍生性金融商品。[①]到 2013 年哈萨克斯坦共有上市公司 74 个，比 2005 年增加了 14 个。2014 年，哈萨克斯坦证券交易所交易总额达 2604 亿美元，与 2013 年同期相比增长 45.9%。其中，哈萨克斯坦证交所股票交易总额达 9.61

① https：//www. pwc. kz/en/publications/dbg-december-2014. pdf.

亿美元，同比增长48.1%。[①]从2005年至2013年哈萨克斯坦总计获得外国直接投资979.64亿美元，净流入证券组合股权23.1亿美元。截至2013年外债总额存量1484.5亿美元，比2005年增加了3.385倍，偿还债务总量（占货物、服务和收入出口比例）从2005年的41.9%下降到33.96%。[②] 根据哈萨克斯坦央行的数据，一年内哈萨克斯坦对外债务增加了4.7%。2013年年末，哈萨克斯坦对外债务为1499亿美元，2014年年末则为1570亿美元，其中，93.6%（1471亿美元）为长期债务，6.4%（99亿美元）为短期债务。债务结构为：50.4%为公司间债务，6.4%为银行债务，4.6%为国家管理机构债务，0.6%为央行债务，37.9%为其他领域的债务。63%的债务为浮动利率，25%为固定利率，25%为零利率，其中87.3%的债务为外汇，主要的债权国为，荷兰－27.2%，英国－17.1%，中国－10.2%，美国－8.1%，法国－6.8%，日本－3.5%，俄罗斯－3.4%，中国香港－3.3%，威尔金

① 中国驻哈萨克斯坦大使馆商务经济参赞处，http://kz.mofcom.gov.cn/article/jmxw/201501/20150100864894.shtml。

② 数据来源：世界银行。

群岛 -2.6%，瑞士 -1.1%，韩国 -1.1%，德国0.7%。[1]

哈萨克斯坦自2005年到2014年以来货币总量基本稳定，增长速度也趋于合理。哈萨克斯坦央行称，2015年7月哈萨克斯坦货币量减少1.1%，达530亿美元，（即12.938万亿坚戈，243.99坚戈=1美元）；1—7月货币量增长1%。7月份流通现金量下降0.7%（1—7月下降1.2%），达46亿美元（即1.135万亿坚戈）；银行系统储蓄下降1.3%（1—7月增长0.9%），达483亿美元（即11.803万亿坚戈）。[2]早在2015年7月，哈萨克斯坦央行行长克里姆别托夫就上半年经济发展的相关指标进行简评。他指出，2015年上半年年化通货膨胀率为3.9%。虽然国际油价低迷，哈萨克斯坦伙伴国货币走弱，但是依靠政府和央行确保价格和汇率稳定的联合措施，哈萨克斯坦通货膨胀速度下降。为落实更灵活的浮

① 中国驻哈萨克斯坦大使馆商务经济参赞处，http://kz.mofcom.gov.cn/article/jmxw/201504/20150400941444.shtml。

② 中国驻哈萨克斯坦大使馆商务经济参赞处，http://kz.mofcom.gov.cn/article/jmxw/201508/20150801093866.shtml。

表2　2005—2015年哈萨克斯坦货币变化

	2005年	2006年	2007年	2008年	2009年	2010年	2011年	2012年	2013年	2014年	2015年
广义货币（占GDP的百分比）	27.2	36	36	39	44	38.8	35.3	34.6	32.8	33.6	42
广义货币增长（年度百分比）	25.1	78	25.8	35.3	19.4	13.2	14.9	7.9	10.2	10.5	34.25
货币和准货币（M2）占GDP的百分比	27.2	36	36	39	44	38.8	35.3	34.6	32.8	33.6	
货币和准货币（M2）与总储备的比率	2.1	1.5	2.1	2.6	2.1	2	2.2	2.4	3	2.4	
货币和准货币增长（年百分比）	25.1	78	25.8	35.3	19.4	13.2	14.9	7.9	10.2	10.5	

数据来源：世界银行。

动汇率，在向通货膨胀目标制过渡的框架下，哈萨克斯坦央行决定扩大浮动空间，从目前的 185 + 3/ - 15 到 185 + 13/ - 15。2015 年上半年哈央行继续实行更为灵活的浮动汇率，实际降低了经济中贬值预期累积的风险，阻止在国内货币市场形成换汇压力。哈萨克斯坦央行计划向自由浮动汇率制转型时间不早于 2017 年；在问题贷款方面，近期哈银行的问题贷款比例从 33.7% 下降至 13%，为落实总统委托，降低问题贷款水平达到 2015 年 15% 和 2016 年 10% 的目标，哈萨克斯坦央行联合政府共同制定降低银行国企债务的统一政策，成立监控委员会，增加 2500 亿坚戈问题贷款基金资本，利用这些资金选择最有效的哈萨克斯坦商业银行减少问题贷款。哈央行计划于 2015 年 6—7 月间完成所有相关工作，确保既定目标的完成；在国家债务方面，哈萨克斯坦在世界经济论坛全球竞争力排行的外债指数中占据第 11 位。2015 年 4 月哈萨克斯坦国家债务为 1542 亿美元，其中 78 亿美元（5.1%）属于国家外债，93 亿美元（6%）属于银行债务，567 亿美元（36.8%）为与直接投资无关的债务。2015 年一季度，哈萨克斯坦外债减少 29 亿美元；在退休基金收入方面，2015 年哈萨克斯坦统一养老储蓄基金会退休资产收入超过通货膨胀 2 倍，上半年收益率为 3.04%，同期通货膨胀率为 1.4%。[①]

标准普尔、穆迪和惠誉三大国际评级机构对哈萨克斯坦信用等级评价也较好。标准普尔对哈萨克斯坦的长期主权信用评级为 BBB，即目前有足够偿债能力，但若在恶劣的经济条件或外在环境下其偿债能力可能较脆弱。穆迪主权评级 BAA2，即哈萨克斯坦金融系统透明度高，并且存在大量外汇资产，展望调整为稳定，原因是由于石油价格下降，俄罗斯和中国经济增长放缓，因此哈萨克斯坦 GDP 增长中期内放缓；哈银行领域美元化提升，对坚戈信任下降；国家外汇和国家基金资产压力增长。[②] 惠誉将哈萨克斯坦本币和国际货币长期发行人违约评级定为“BBB +”，长期展望为稳定。惠誉认为，由于国际油价暴跌，俄罗斯和中国这两个最重要的贸易伙伴都出现了不同程度的经济发展问题（俄卢布汇率贬值引发独

① 中国驻哈萨克斯坦大使馆商务经济参赞处，http：//kz. mofcom. gov. cn/article/jmxw/201507/20150701051823. shtml。

② http：//www. tradingeconomics. com/kazakhstan/rating.

联体其他国家的本币汇率危机，中国正遭受经济下行的巨大压力），哈萨克斯坦遭受贸易条件的严重恶化。[①]

（二）居民消费状况

自2005年以来，哈萨克斯坦居民最终消费一直在不断增长中，但因哈萨克斯坦政府一直高度重视与民生相关物价的上涨情况，消费商品和服务价格水平相对平稳。与2010年相比，近5年来哈萨克斯坦居民消费者价格指数水平增长较快，平均增幅在15%左右（见表3）。不过，哈萨克斯坦央行统计，2014年哈萨克斯坦消费指数比2010年仅增长了7%，而到2015年8月哈萨克斯坦消费指数比2010年增长了1%。[②]另根据哈萨克斯坦国民经济部统计委员会发布的信息，2015年7月哈萨克斯坦最低生活标准为102.4美元（187.45坚戈=1美元）即19202坚戈，环比下降2.4%，同比下降2%。其中用于购买食品的最低消费61.46美元（11521坚戈），非食品和有偿服务40.9美元

① 中国驻哈萨克斯坦大使馆商务经济参赞处，http：//kz.mofcom.gov.cn/article/jmxw/201505/20150500972898.shtml。

② 数据来源：哈萨克斯坦国家银行。

(7681 坚戈)。[①]哈萨克斯坦金融机构对于2015年物价指数比较乐观。哈萨克斯坦储蓄银行CIB（Sberbank CIB）分析部门预测，2015年哈萨克斯坦全年通胀率在5%—6%。与年初相比，目前哈萨克斯坦国内消费品价格增长了1.8%，增幅较为平稳。尽管自8月20日起央行宣布实施本币自由浮动汇率，不过8月份消费品价格环比增长仅为0.3%，同比增长0.4%，非食品价格增长0.5%，消费价格增长0.7%（主要受铁路价格上调影响）。[②]

表3　　2005—2015年哈萨克斯坦居民消费状况

	2005年	2006年	2007年	2008年	2009年	2010年	2011年	2012年	2013年	2014年	2015年
人均居民最终消费支出（2005年不变价美元）	1880	2094	2294	2423	2376	2618	2861	3130	3474	5274	2010年不变价美元
人均居民最终消费支出（年增长率）	9.7	11.3	9.5	5.6	-1.9	10.1	9.2	9.4	10.9	-3.2	N/A
消费者价格指数（2010年=100）	61.7	67	74.2	87	93.3	100	108.3	113.8	120.5	128.6	137.1

数据来源：世界银行，N/A无统计数据。

① 中国驻哈萨克斯坦大使馆商务经济参赞处，http：//kz.mofcom.gov.cn/article/jmxw/201508/20150801072183.shtml。

② 中国驻哈萨克斯坦大使馆商务经济参赞处，http：//kz.mofcom.gov.cn/article/jmxw/201509/20150901105484.shtml。

（三）财政收入及支出

从2005年以来哈萨克斯坦的财政收入不断增加，但政府支出也不断增加，从2007年开始哈萨克斯坦的财政出现赤字，2014年财政赤字高达66亿美元。哈萨克斯坦财政收支不平衡的主要原因是税收下降、金融危机及油价下跌等因素（见图4）。例如，2008年5月哈萨克斯坦检查预算执行情况委员会主任阿克希克巴耶夫在新闻发布会上透露，哈萨克斯坦尽管2007年国家基本预算收入指标超额完成，但税款征收水平有所下降。主要表现在预算税收对GDP的贡献从2006年的21.2%下降到2007年的20.9%，85个政府预算单项收入中有26项没有完成。[①] 哈萨克斯坦2008年度国家财政预算执行情况的报告称，受世界金融危机的影响，2008年哈萨克斯坦财政歉收1.5%，企业法人所得税仅完成计划的56.2%。[②]

① 中国驻哈萨克斯坦大使馆商务经济参赞处，http：//kz.mofcom.gov.cn/article/jmxw/200805/20080505561429.shtml。

② 中国驻哈萨克斯坦大使馆商务经济参赞处，http：//kz.mofcom.gov.cn/article/jmxw/200906/20090606354829.shtml。

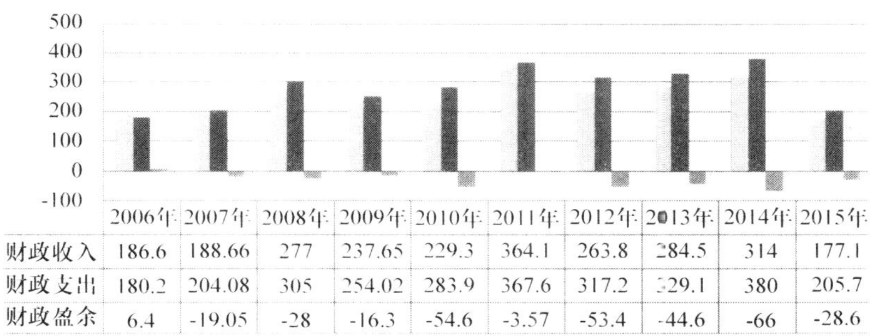

	2006年	2007年	2008年	2009年	2010年	2011年	2012年	2013年	2014年	2015年
财政收入	186.6	188.66	277	237.65	229.3	364.1	263.8	284.5	314	177.1
财政支出	180.2	204.08	305	254.02	283.9	367.6	317.2	329.1	380	205.7
财政盈余	6.4	-19.05	-28	-16.3	-54.6	-3.57	-53.4	-44.6	-66	-28.6

图4　2005—2015 年哈萨克斯坦财政收入及支出（单位：亿美元）

注：2005—2015 年数据来自中国驻哈萨克斯坦大使馆经济商务参赞处，汇率按 1 美元 =350 坚戈计。

数据来源：中国驻哈萨克斯坦大使馆商务经济参赞处网站。

为了应对财政收支缺口过大的问题。从 2012 年起，哈萨克斯坦开始实施意外支出机制，允许政府冻结 2000 亿坚戈（150.81 坚戈 =1 美元）的支出。若财政收入小于预期水平的话，该款项将约占财政总支出的 4%。与此同时，哈萨克斯坦还重返欧洲债券市场，2012 年年底，哈萨克斯坦国有企业债务为 210 亿美元（占 GDP 的 10%），大部分属于哈萨克斯坦国家石油天然气公司（4 月份，该公司发行价值 30 亿美元的欧洲债券以满足包括油田开发和炼油厂现代化改造的融资需求）。[1]为了维护

---

① 中国驻哈萨克斯坦大使馆商务经济参赞处，http://kz.mofcom.gov.cn/article/ztdy/201305/20130500141689.shtml。

社会稳定，哈萨克斯坦政府在2014年加大了社会保障方面的投入，以及基础设施和工业项目、发展农业等方面的支出。例如，2015年5月哈萨克斯坦财政部部长苏尔达诺夫在议会解读2014年哈萨克斯坦财政执行情况报告时指出，2014年用于社会需求的支出2.6802万亿坚戈，占GDP的6.9%，其中，用于教育4663亿坚戈，用于卫生6453亿坚戈，用于社会救助1.4623万亿坚戈，用于文化、体育、旅游和信息1063亿坚戈，除社会领域的支出外，用于基础设施和工业项目发展农业的支出也占居了较大比重。如用于住宅物业3165亿坚戈，用于电力综合体和资源开发950亿坚戈，用于农业、水利、林业、渔业和环境保护2338亿坚戈，用于工业、建筑、城市建设223亿坚戈，用于交通通信4936亿坚戈。新建公路597公里，修复公路1140公里，新建1200公里铁路。[①]

（四）人口及城镇化水平

近年来，哈萨克斯坦的人口一直在持续增长之中。根据世界银行统计，哈萨克斯坦总人口数从2005年的

① 中国驻哈萨克斯坦大使馆商务经济参赞处，http：//kz. mofcom. gov. cn/article/jmxw/201505/20150500976300. shtml。

1514 万人增加到 2014 年的 1728 万人，人口年增长率在 1.3% 以上（见图 5）。截至 2014 年哈萨克斯坦 0—14 岁的人口（占总人口的百分比）26%，15—64 岁的人口（占总人口的百分比）67%，65 岁和 65 岁以上的人口（占总人口的百分比）7%；农村人口（占总人口的百分比）47%，城镇人口（占总人口的百分比）53%。

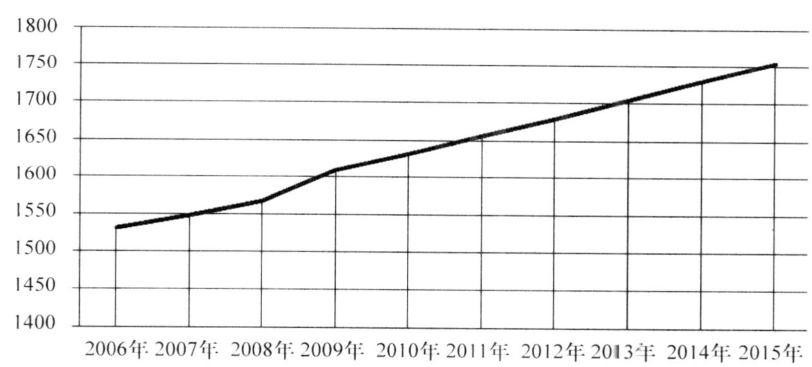

图 5　2005—2015 年哈萨克斯坦人口增长趋势（单位：万人）

数据来源：世界银行。

哈萨克斯坦是个多民族国家。根据哈萨克斯坦官方统计，截至 2014 年哈萨克斯坦的民族构成比例如下，哈萨克人 65.5%、俄罗斯人 21.5%、乌兹别克人 3%、乌克兰人 1.8%、维吾尔人 1.4%、鞑靼人 1.2%、日耳曼人 1.1%、韩国人 0.6%、白俄罗斯人 0.4% 和其他

3.5%等。[①] 宗教信仰，伊斯兰教70.19%，天主教（主要是俄罗斯东正教）26.2%，其他3.6%。

从时序上看，1992—2011年哈萨克斯坦城镇化水平走势呈现“U”字型，从速度变化上可以分为四阶段：快速下降阶段（1992—1996年）；缓慢下降阶段（1997—2000年）；缓慢上升阶段（2001—2004年）；快速上升阶段（2005—2011年）。1992—2000年，哈萨克斯坦城镇化水平呈下降态势，其中建国初期下降最为迅速，由1992年的39.8%，下降至1996年的15.4%，年均下降达6.1%。1996—2000年哈萨克斯坦城镇化的下降速度平缓，年均下降1.3%，到2000年城镇化水平降至最低点，仅为10.2%。2000年以来，哈萨克斯坦城镇化水平持续增长，其中2001—2004年期间年均增长4%；2005年后，城镇化水平进入快速增长阶段，年均增长6.8%，到2011年哈萨克斯坦城镇化水平达到73.4%。从贡献值上分析，在快速下降阶段社会城镇化的贡献值最高，为50%，经济城镇化的贡献值最低，仅为3%，

① 数据来源：世界银行，哈萨克斯坦国家统计局。

人口和土地城镇化的贡献值相近，分别为24%和23%，表明该阶段社会城镇化是哈萨克斯坦城镇化的主要因素，而经济城镇化不明；在缓慢下降阶段人口城镇化的贡献值最高，为51%，土地城镇化的贡献值最低，仅为12%，经济和社会城镇化的贡献值相近，分别为20%和17%，说明该阶段人口城镇化是哈萨克斯坦城镇化的主要因素，而其他三类城镇化不明显，其中土地城镇化最不明显；在缓慢上升阶段社会城镇化的贡献值最高，为33%，人口城镇化贡献率最低，为14%，经济和土地城镇化的贡献率相近，分别为28%和25%，说明该阶段社会城镇化是城镇化的主要因素，其次是经济和土地城镇化，而人口城镇化最不明显；在快速上升阶段，土地城镇化的贡献值最高，为32%，其次为社会和经济城镇化，而人口城镇化贡献值仅9%，说明该阶段土地城镇化是哈萨克斯坦城镇化的主要因素，其次是经济和社会城镇化，而人口城镇化依然不明显。①

① 叶尔肯·吾扎提、刘慧、刘卫东：《1992—2011年哈萨克斯坦城镇化过程及其影响因素》，《地理科学进展》2014年2月。

（五）主要基础设施及物流绩效指数

哈萨克斯坦基础设施建设发展较快。具体表现有：海关手续效率有所提高，航空客运量、铁路货运量显著上升，个人拥有移动电话数量、互联网设施及用户等都有增加。不过，港口、铁路公里数、固定电话等发展较慢（见表4）。受国际能源市场需求不足影响，2015 年哈

表4　　　　2010—2015 年哈萨克斯坦主要基础设施情况

	2010 年	2011 年	2012 年	2013 年	2014 年	2015 年
港口基础设施的质量，世界经济论坛 WEF（根据国际标准，1 = 十分欠发达，7 = 十分发达高效）	3.3	3.6	3.4	2.7	2.7	2.7
海关手续负担，世界经济论坛（WEF）（1 = 效率极低，7 = 效率极高）	3.5	3.5	3.9	4	3.9	4.2
航空运输量，注册承运人全球出港量	33483	40916	44580	66112.7	70809.5	72485.4
航空运输，货运量（百万吨/公里）	42.3	50.9	53.9	58.1	45.5	37.6
航空运输，客运量	3098327	3786453	4064819	4785602	4918574	5081631.8
铁路货运量（百万吨/公里）	213174	223584	235846	235846	235845	
铁路客运量（百万乘客/公里）	15448	16595	18498	18498	18498	
铁路（总公里数）	14202	14184	14319	14319	14319	
移动蜂窝式无线通信系统的电话租用	19402600	25240800	30235400	30364900	28595600	31389900

续表

	2010年	2011年	2012年	2013年	2014年	2015年
移动蜂窝式无线通信系统的电话租用（每百人）	121.8	156.7	185.8	184.6	168.6	187.17
电话线路	4057600	4265800	4361400	4392000	4338200	4143100
每百人所拥有的电话线路数量	25.4	26.4	26.8	26.7	26.1	24.7
固定宽带互联网用户	869600	1193400	1637300	1958823	2148000	
固定宽带互联网用户（每百人）	5.4	7.4	10	11.9	12.9	2188400
安全的互联网服务器	85	105	124	160	250	309
安全互联网服务器（每百万人）	5.2	6.3	7.3	9.3	14.4	17.6
互联网用户（每百人）	31.6	50.6	53.31567	54	54.8	72.8

数据来源：世界银行。

萨克斯坦国内货运量还有所下降。根据哈萨克斯坦国民经济部统计委员会数据显示，1—8月国内货运量3264.33亿吨公里，同比下降7.2%。其中，铁路货运量1520.39亿吨公里，下降15.5%；公路货运量979.73亿吨公里，增长3.5%；水运11.58亿吨公里，下降了28.6%；航空运输2550万吨公里，下降了17.9%；管道运量752.15亿吨公里，下降0.1%；国内客运量1664.32亿人/公里，增长3.2%。①

① 中国驻哈萨克斯坦大使馆商务经济参赞处，http://kz.mofcom.gov.cn/article/jmxw/201509/20150901116935.shtml。

哈萨克斯坦物流绩效指数大都在中等水平，2014 年物流指数较低的是清关效率、贸易和运输相关基础设施的质量，最高的是货物抵达收货人的准点率和查询能力。与 2010 年相比，哈萨克斯坦的物流绩效指数有一定程度的下降（见表 5），这也反映了哈萨克斯坦物流水平已不能适应其经济发展的需要，需要加大投入和建设。

表 5　　哈萨克斯坦物流绩效指数

	2010 年	2011 年	2012 年	2013 年	2014 年
物流绩效指数：清关程序的效率（1 = 很低，5 = 很高）	2. 38	N/A	2. 58	N/A	2. 3
物流绩效指数：贸易和运输相关基础设施的质量（1 = 很低，5 = 很高）	2. 66	N/A	2. 6	N/A	2. 3
物流绩效指数：安排价格具有竞争力的货运的难易度（1 = 很低，5 = 很高）	3. 29	N/A	2. 67	N/A	2. 6
物流绩效指数：物流服务的能力和质量（1 = 很低，5 = 很高）	2. 6	N/A	2. 75	N/A	2. 7
物流绩效指数：综合分数（1 = 很低，5 = 很高）	2. 83	N/A	2. 69	N/A	2. 6
物流绩效指数：货物在预定或预期的时间内到达收货人的频率（1 = 很低，5 = 很高）	3. 25	N/A	2. 73	N/A	3. 2
物流绩效指数：追踪查询货物的能力（1 = 很低，5 = 很高）	2. 7	N/A	2. 83	N/A	2. 8

数据来源：世界银行。

（六）国际机构对哈萨克斯坦商业环境的总体评价

经济自由指数是美国传统基金会每年公布的全球权威经济自由度评价指标。在一个指标上分数越高，政府对经济的干涉水平越高，因此经济自由度越低。各个指标累加后的平均值可以计算出总体系数。美国传统基金会的观点是，具有较多经济自由度的国家或地区与那些较少经济自由度的国家或地区相比，会拥有较高的长期经济增长速度和更繁荣。2015 年哈萨克斯坦的经济自由指数在所评价的 178 个国家中名列第 59 位（见图 6），2016 年上升到第 68 位。在世界银行发布的 2016 年国家商业环境评价指数中，哈萨克斯坦在 189 个国家中名列

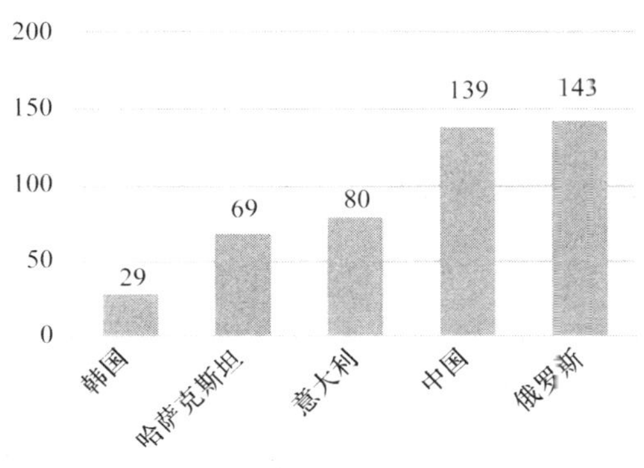

图 6　哈萨克斯坦 2015 年经济自由指数

第41位。此外，世界经济论坛发布的《全球竞争力报告2015—2016》中，哈萨克斯坦的全球竞争指数为4.49，在140个国家中排第42位；劳资关系为4.5，在140个国家中排第53位。

三 与哈萨克斯坦“光明之路”新经济政策相关的基础设施项目

（一）公路项目

中国西部—西欧，公路全长8000公里，其中3000公里贯穿哈萨克斯坦，哈萨克斯坦段建设项目将于2015年内完成，预计哈萨克斯坦段的货物运输量将达到3000万吨/年。

哈萨克斯坦政府计划2015—2016年为修建和改造公路拨款3213亿坚戈，其中2015年拨款1780亿坚戈，2016年1433亿坚戈，该笔拨款将修建5条公路，全长5452公里，其中阿斯塔纳—阿拉木图1300公里，阿斯塔纳—乌斯季卡缅诺戈尔斯克950公里，阿斯塔纳—阿克托别—阿特劳—阿斯特拉罕1600公里，阿拉木图—乌斯季卡缅诺戈尔斯克712公里，克孜勒奥尔达—热兹卡兹干—卡拉干达—巴甫洛达尔890公里。修建上述路段将创造20万个工作岗位。

（二）经济特区和工业区

哈萨克斯坦首批经济特区出现于1991年，为规范经济特区管理和提高经济特区运营效率，2011年7月21日，哈萨克斯坦颁布实施了《哈萨克斯坦经济特区法》，对经济特区的设立以及特区企业享有的优惠等予以了明确规定。根据《哈萨克斯坦经济特区法》规定，经济特区设立首先由哈萨克斯坦地方政府向哈萨克斯坦中央政府提议，哈萨克斯坦中央政府根据地方政府提议向哈萨克斯坦总统建议批准设立，哈萨克斯坦总统同意后颁布总统令设立经济特区，并规定其运营期限。经济特区是哈萨克斯坦有限制的区域，在经济特区实行特殊的法律制度。依照哈萨克斯坦总统令，在哈萨克斯坦境内目前设有9个经济特区，分别是位于阿斯塔纳市的阿斯塔纳—新城经济特区、阿克套的阿克套海港经济特区，阿拉木图市的信息技术园经济特区，南哈州的奥恩图斯季克经济特区，阿克莫拉州的布拉巴伊经济特区，阿特劳州的国家工业石化技术园经济特区，阿拉木图州的霍尔果斯—东大门经济特区，巴甫洛达尔州的巴甫洛达尔经济特区，卡拉干达州的萨雷阿尔卡经济特区。这些经济特区可以分为下列三大类。

（三）工业生产型经济特区

阿斯塔纳—新城经济特区（阿斯塔纳工业区），设立于2001年，运营至2026年12月31日。特区设立目的——通过吸引投资和采用先进建筑技术，建立现代基础设施加快阿斯塔纳城市发展，以及建立高效率、高技术和竞争力强的产品生产，并开发新产品。2015年4月8日，阿斯塔纳市长扎克赛比尔科夫表示，在“阿斯塔纳—新城”经济特区内计划实施54个项目，总投资1470亿坚戈，其中，21个业已启动，17个正在建设中，16个处在设计阶段。正在运营的21个项目业已生产出3369亿坚戈的产品，向财政上缴税收297亿坚戈，年底前计划再投产6个项目，总投资291亿坚戈。截至目前，阿斯塔纳共有6万家中小企业，就业人数23.3万人，占首都有劳动能力人口的近一半，仅2014年前9个月中小企业产值2.3万亿坚戈，占阿斯塔纳生产总值的65%。此外，根据哈萨克斯坦政府以第37号纪要的形式批准了由国民经济部制定和提交的“对哈萨克斯坦2015—2019年经济社会发展的预测”（2014年8月27日），哈萨克斯坦政府将建立阿斯塔纳产业集群，根据竞争优势，该产业集群的定位是，以“纳扎尔巴耶夫大学”为基础的高科技和创新中心及“阿斯塔纳—新城”经济特区工业园和国家医疗集群中心。

国家工业石化技术园经济特区，设立于2007年，运营至2032年12月31日。特区设立目的——使用创新技术发展碳氢化合物原料石化生产深加工。目前，“哈萨克国家石油化工产业技术园区”落实和基本落实的项目包括：一体化石化联合装置一期，建设丙烷脱氢装置、聚丙烯装置及相关的公用工程和基础设施；该装置的二期拟建设气体分离装置、乙烷蒸汽裂解装置、聚乙烯装置及其基础设施。

阿克套海港经济特区，设立于2002年，运营至2028年1月1日。特区设立目的——加快地区发展以加快国家经济融入世界经济体系，建立高效率的，其中包括高技术和富有竞争力的生产，开发新产品，吸引投资，运用现代管理和经营技术，以及解决就业等社会问题。阿克套海港经济特区占地面积2000公顷，由6个区域组成，中国工业园项目位于该园区第五区块，到阿克套海港直线距离仅为3公里，交通便利。此外，入驻该园区的企业，可享受一系列税收优惠，如在2028年之前享受免征企业所得税、财产税、土地税以及进口关税等。在该园区配套方面，为了增加阿克套海港吞吐量，哈萨克斯坦政府将投资修建三座干货码头，将阿克套海港年吞吐量从目前的280万吨提高到2750万吨。

奥恩图斯季克经济特区，设立于2005年，运营至2030年7月1日。特区设立目的——保障哈萨克斯坦纺织工业发展。

巴甫洛达尔经济特区，设立于2011年，运营至2036年12月1日。特区设立的目的——发展化学、石化行业，尤其是生产采用环保、安全的现代高科技技术，高附加值的出口导向型产品。据哈巴甫洛达尔州政府表示，为大力发展石油化工行业领域，2014年年底哈萨克斯坦巴甫洛达尔州经济特区新开工程 3 个，总造价 230 亿坚戈（182 坚戈 =1美元）。其中包括巴甫洛达尔石油焦煅烧有限公司的石油焦煅烧设备安装工程、农业化学发展有限公司的农业化学产品生产项目、巴甫洛达尔化学制品生产与销售公司的聚氯乙烯制品与防冻液生产项目。目前，该经济特区经营的企业有 3 家，分别为碱业有限公司公司（生产盐酸酸雾抑制剂）、Belizna 有限公司（主要生产日用化学品）以及 BO-NA 有限公司（生产消毒剂）。

萨雷阿尔卡经济特区，设立于 2011 年，运营至 2036 年 12 月 1 日。特区设立的目的——发展冶金工业和金属加工行业，尤其是吸引世界品牌生产者入驻特区，开展制成品生产。哈萨克斯坦卡拉干达州州政府在新闻发布会上称，2015 年 1—3 月份卡拉干达州工业产值为 3128 亿坚戈（185. 8 坚戈 =1 美元），同比增长 10. 5%。其中，采矿业和采石业产值增长 340 亿坚戈，同比增长 10. 3%；加工工业产值达 2192 亿坚戈，同比增长 12. 6%。目前在萨雷阿尔卡经济特区有 2 家企业在经营，今年还有 1 家企业入驻。此外，在该经济特区内还有 4 家外企，计划投资成立机械设备制造厂、冶金、建筑等项目。

（四）服务型经济特区

霍尔果斯—东大门经济特区，设立于2011年，运营至2035年。特区设立目的——建设富有成效的运输、物流和工业中心，保障出口贸易活动的利益和实现哈萨克斯坦转运潜能，以及促进与周边国家的经济和文化交流。阿拉木图州州长巴塔洛夫称，正在制定霍尔果斯—东大门经济特区边境“无水港”发展总体规划。“目前靠近阿尔腾科尔车站的霍尔果斯无水港工业区正迅猛发展，将创造超过1万个工作岗位，区内将有5万人居住。为了准备建设新城市已经开始着手制定总体规划和土地利用详细规划。”巴塔洛夫表示，阿拉木图州在《地区发展规划纲要》下打造经济增长中心，大力发展当地社会经济潜力。无水港是霍尔果斯—东大门经济特区的一部分，是与中国接壤的大型交通物流枢纽，面积294公顷，占经济特区总面积的1/3以上，从2014年7月2日开建。无水港包括6个集装箱装卸码头、能容纳1.8万个集装箱的堆场、组合式货物终端、集装箱起重机、17门式起重机、堆垛机等设施，港口内的铁路线长度为24.4公里。港口由哈萨克斯坦铁子公司"KTZ 特快"和 DPWOLD 公司共同运营，2015—2016 年计划处理 20 多万个集装箱。霍尔果斯—东大门经济特区建设和运营工程将创造 2.5 万个工作岗位，成本为 740 亿坚戈（185.05 坚戈 =1 美元）。

布拉巴伊经济特区，设立于 2008 年，运营至 2017 年 12 月 1 日。特区设立的目的——建设富有成效的且具有竞争力的旅游基础设施，吸引哈萨克斯坦和外国的旅客。

（五）技术运用型经济特区

信息技术园经济特区，设立于 2003 年，运营至 2028 年 1 月 1 日。特区设立的目的——发展信息技术行业，开发新的信息技术和生产信息技术领域新产品。该经济特区企业，除了一般的优惠外，还享有额外的下列税收优惠：如遵守税收立法规定的条件，全部免缴社会税；适用"超区域原则"（有效期至 2015 年 1 月 1 日）。根据该原则，如果遵守哈萨克斯坦立法规定的要求，在信息技术工业园区外注册登记的法人视为信息技术园企业；对软件折旧提高至 40%，而根据一般规定，软件折旧仅为 15%。此外，根据哈萨克斯坦政府以第 37 号纪要的形式批准了由国民经济部制定和提交的“对哈萨克斯坦2015—2019年经济社会发展的预测”（2014年8月27日），哈萨克斯坦政府对阿拉木图产业集群的发展定位是，哈萨克斯坦贸易和物流以及金融中心（以霍尔果斯国际边境合作中心、G4城市项目以及其他项目为基础）、以“阿拉套”信息技术园经济特区为基础的创新集群，国际水平的旅游业、体育和休闲中心。

（六）公共事业项目

住宅项目，据哈经济部统计委员会统计，2015年1—7月哈建筑业总产值为1.27万亿坚戈（汇率187.85坚戈=1美元），同比增长4.8%。建筑安装总量为1.115万亿坚戈，增长7.3%；大修减少18.8%和小修增长4.2%。1—7月共交工21930幢建筑，其中20664幢为住宅，1266幢为非住宅；住宅共计3876亿坚戈，同比增长15.1%；住宅面积共计487.61万平方米，其中开发商投建275万平方米。每平方米住宅平均花费为12.8万坚戈，开发商为7.25万坚戈。

供水项目，哈萨克斯坦东哈州州政府在新闻发布会上称，欧洲复兴开发银行将提供39亿坚戈（186.05坚戈=1美元）用于东哈州供水和排水系统现代化改造项目。该州政府表示，州长阿赫梅托夫与欧洲复兴开发银行驻哈代表已经签署了关于对乌斯季卡缅诺戈尔斯克市和塞米市进行供水和排水系统改造项目提供直接贷款的协议。其中乌斯季卡缅诺戈尔斯克市的工程总造价为32亿坚戈，州政府投资6亿坚戈，欧洲复兴开发银行提供26亿坚戈贷款；塞米市的工程总造价为24亿坚戈，州政府投资11亿坚戈，欧洲复兴开发银行提供13亿坚戈贷款。贷款期限为10年，利息为4%—4.5%。

供热项目，2014年哈萨克斯坦国家自然垄断行业管理委员会递交了"哈萨克斯坦2014—2020年供暖系统实现现代化方案"。该委员会主席木拉提·阿斯帕诺夫表示，供热现代化建设资金主要通过下列渠道，如供热税收、住宅和公用事业资金规划、国家和地方住宅公用事业预算。该方案拟计划向阿斯塔纳、阿拉木图和其他中心区域等17个供热中心输送超过40万千卡热能，分别从国家预算和地方预算划拨1200亿坚戈和120亿坚戈（182.06坚戈=1美元）。经过供暖系统的建设，到2020年供暖管网损耗降低15%，供热中心使用折旧率从22.4%降低到18.4%。

电力项目，打造“耶克巴斯图兹—谢梅—奥斯卡曼”和“谢梅—阿克托海—塔勒迪库尔干—阿拉木图”高压电网建设。2015年5月哈萨克斯坦能源部电力司司长萨尔谢诺夫称，过去5年在实施“最高电价交换投资”规划框架内，电力领域投资额增长了4倍，达7000亿坚戈。5000兆瓦的电力设施完成了现代化改造，新增电力1700兆瓦，确保国内居民的用电需求。2014年哈萨克斯坦电网系统共发电916亿千瓦时，同比增长2.2%，国内用电需求量916亿千瓦时，同比增长2%。目前，哈萨克斯坦国内共有76座运营的发电站，其中包括水电站、可再生能源发电站和火电站等。水电站和火电站仍是主要发电源，集中位于哈中部地区。国内共有州级配电公司20个，小型配电公司150余个。此外，哈萨克斯坦电网管理公司（KEGOC）完成了阿拉木图州“苹果”变电站的项目，项目包括变电站的建筑工作和电源线的铺设工作。据悉，架空线总长达321.7公里，电线3.743吨，支架889个，光缆344公里，用于提高阿拉木图州电信通信服务质量。新线路的使用可将供电能力提高1倍，由1000MBA增至2000MBA，周内通电能力由650兆瓦增至1500兆瓦。

教育项目，2015—2017年共和国预算支出在教育领域取消三班倒教学制度并增加学前教育机构国家采购量。为此，哈萨克斯坦国民经济部部长多萨耶夫称，政府2015年计划为“光明之路”框架下反危机措施拨款1010亿坚戈（185.05坚戈=1美元）。其中，300亿坚戈来自国家基金，指定用于建设社会基础设施，173亿坚戈用于建设教育基础设施（优先取消三班倒教育和维修学校危房），127亿坚戈用于公立学前教育。710亿坚戈划拨自国家基金2016年资金，其中200亿坚戈用于国际金融组织项目融资，住房现代化改造，建设道路和廉租房，支持农工综合体发展；100亿坚戈用于“2020年商业路线图”基础设施项目坚戈；50亿坚戈用于通过发展技术法规保护本国市场；60亿坚戈用于地质勘探；300亿坚戈用于增加住房。在2014年7月7日哈萨克斯坦教育和科学部部长萨林日波夫称，到2050年，哈对科学的支出将达GDP总值的3%。哈萨克斯坦将加大对研究所和高校购买新的科学设备和仪器的支持力度，并建立对哈萨克斯坦科学技术基础现状和发展进行监测的体系。此外，哈萨克斯坦还拟加大吸引私人资本向科学投资的力度。

四　我国与哈萨克斯坦的经济贸易合作现状

根据哈萨克斯坦国民经济部统计委员会的统计数据，2015 年中国是哈萨克斯坦第二大贸易伙伴，中哈双边贸易额 105.67 亿美元（占比 13.9%），同比下降 38.4%；哈萨克斯坦对中国出口额 54.84 亿美元（占比 12.0%），同比下降 44.0%；哈萨克斯坦自中国进口额 50.83 亿美元（占比 16.8%），同比下降 30.9%。俄罗斯是哈萨克斯坦第一大贸易伙伴，哈俄贸易额 145.76 亿美元（占比 19.2%），同比下降 27.8%；哈萨克斯坦对俄罗斯出口额 43.43 亿美元（占比 9.5%），同比下降 32.0%；哈萨克斯坦自俄罗斯进口额 102.32 亿美元（占比 33.9%），同比下降 25.9%。根据《国际贸易标准分类》（修订 3）的行业分类和 1996—2013 年中哈产业内贸易的实际发生数，中哈产业内贸易主要集中在“未另列明的化学品和有关产品”（第五类）和“按原料分类的制成品”（第六类）。与中亚其他国家相比，中哈产业内贸易水平是最高的。在服务贸易方面，2016年2月中国新疆维吾尔自治区与阿拉木图市签署了旅游合作协议，该协议规定了双边进行信息交换，联合培养旅游行业人才，中国旅游局在阿拉木图设立代表处以及联合推动旅游市场发展等内容。阿拉木图旅游局局长在签字仪式上表示，该协议将促进从新疆赴阿拉木图游客每年增至20万人。目前，双方正在联合制定霍尔果斯—阿拉木图—比什凯克—喀什公路旅游线路，并将向中国游客和欧美游客进行推介，计划该线路2016年年内推出。

在项目合作方面，据商务部统计，中国在哈萨克斯坦各类投资总计达260亿美元，在哈萨克斯坦注册的中资企业有2800多家，中资企业在哈萨克斯坦外资企业总数中居第三位。哈萨克斯坦也计划投资4.77亿美元与中国合作。中哈2015年8月底签署了《关于加强产能与投资合作的框架协议》，仅工业投资合作上中哈两国就设定了52项投资合作方案，价值240亿美元。合作方案涉及矿山冶金业、化工行业和汽车制造等多个领域，具体方案正在制定中。目前，阿拉木图电梯生产项目、巴甫洛达尔聚丙烯生产项目和科斯塔奈中国汽车生产项目等3

项方案已确定处于实施阶段。从供给侧和需求侧来看，能源领域（上游和下游）依然是中哈两国经济合作重点领域。与其他项目相比，中哈能源领域合作比较成熟且分布较广（见图7）。

企业	中方占比%
中石油阿克托别股份公司	97.47
曼吉斯套油气股份公司	50
皮特罗哈萨克斯坦库姆科利列索尔吉斯股份公司	67
哈德合资石油有限责任公司	50
图尔加伊皮特罗列乌姆股份公司	50
布扎奇奥别列依亭克 LTD	100
卡拉张巴斯木纳依股份公司	50
库阿特阿姆隆木纳依合资有限责任公司	100
中石油—阿依当木纳依股份公司	100
萨张库拉克有限责任公司	100
潜力石油有限责任公司	100
普利卡斯皮昂皮特罗列乌姆有限责任公司	100
萨吉兹皮特罗列乌姆有限责任公司	100
艾姆巴维德石油有限责任公司	100
阿达伊皮特罗列乌姆有限责任公司	50
哈国家油气勘探股份公司	11
阿克托别哈油有限责任公司	25
卡拉库杜克石油有限责任公司	100
阿尔曼合资有限责任公司	100
扎木巴伊有限责任公司	25
朗喀斯切尔皮特罗列乌姆股份公司	87
叶米尔石油有限责任公司	100

图7　2015 年中国企业在哈油气市场的参与度

为了进一步推进中哈产能和投资合作，2016年1月中哈双方就对接《中国制造2025》和"互联网+"与哈方工业和信息化发展规划进行了磋商，并就有效发挥中哈产能合作基金作用，加快签证便利化进程、中方参与哈萨克斯坦新一轮私有化等议题深入交换了意见。双方一致同意，将在产业和信息化发展规划编制方面开展合作，并以此为基础有针对性地进行项目对接，实现规划与项目合作的协同推进和相互促进，为进一步深化两国产能与投资合作提供新动力，打造双方合作新亮点。

产能合作离不开金融合作支持。2014年12月中国人民银行与哈萨克斯坦国家银行续签了双边本币互换协议，同时签订了新的双边本币结算与支付协议。双边本币互换规模为70亿元人民币（2000亿坚戈），协议有效期三年，经双方同意可以展期。双边本币结算与支付协议签订后，中哈本币结算从边境贸易扩大到一般贸易，两国经济活动主体可自行决定且自由兑换货币、人民币或坚戈进行商品和服务的结算与支付。哈萨克斯坦还积极推进阿斯塔纳金融中心的建设，计划2017年前哈萨克斯坦央行核心机构将迁至阿斯塔纳，该金融中心吸取世界先进金融中心的建设经验和标准，采用英国法律原则调节参与者之间的关系，在公文和法律诉讼过程使用英语等，并计划吸纳外国法官建立金融法庭解决包括投资纠纷在内的各类纠纷。根据哈萨克斯坦总统令，10 年内企业在中心获得的收入免缴企业所得税，企业员工收入和分红免缴个人所得税；将为伊斯兰债券的发行创造条件；有可能免劳务许可吸引外国劳务人员。

总的来说，随着哈萨克斯坦商业环境软硬件的不断完善，中哈经济合作的空间还有进一步提升的空间。对于我国而言，需尽快制定有针对性的计划方案，积极引导有意向的中国企业参与到“丝绸之路经济带”与“光明之路”新经济政策对接中来。具体措施可以优先从以下几个方面入手：

一是加强与哈方在政策法律上的对接；

二是促进交通便利化；

三是深化与哈方的金融合作；

四是在新疆设立中哈产能合作中资企业孵化基地；

五是积极推动中亚地区经济合作一体化。

分报告二

“丝绸之路经济带”与哈萨克斯坦“光明之路”计划对接中的基础设施领域合作

李建民

哈萨克斯坦地处欧亚大陆中心，国土面积 270 万平方公里，是世界上最大的内陆国家，自古以来就是运输线路的自然交会处，古代连接东西文明的丝绸之路就经过这里。哈萨克斯坦没有出海口，尤其重视发展陆路运输。为开辟出海通道，哈萨克斯坦积极参与创建过境运输通道，尤其是连接欧亚大陆的运输走廊。哈萨克斯坦是中国“一带一路”战略的重要支点国家，基础设施建设是丝绸之路经济带优先推进方向，也是“一带一路”与哈萨克斯坦“光明之路”计划对接的亘要领域。本章将着重分析哈萨克斯坦交通基础设施发展现状、前景及中哈合作的进展、风险及其应对问题。

一 交通运输基础设施发展现状

哈萨克斯坦交通运输综合体包括铁路运输、公路运输、管道运输、航空运输及水路运输五种方式。本章主要分析除管道运输以外的其他四种运输方式。

（一）铁路运输

哈萨克斯坦所处的地缘地理位置决定铁路运输对其具有战略意义。苏联时期，哈萨克斯坦铁路是全苏庞大的铁路系统的一部分，铁路技术指标、现代化程度以及运输能力仅次于俄罗斯和乌克兰，居第三位。但哈萨克斯坦国内的铁路并没有构成封闭式的路网配置，而是分成南—西北线、南—北线、南—东南线三大块，各条线路在境内互不相连。早在独立之初哈萨克斯坦就认识到，国家必须建立一个配置更加合理的、将各地区连接在一起的铁路网，重点是实现交通运输网络的独立性，铁路改造、建设和发展开始加速。苏联解体后，哈萨克斯坦修建铁路的数量比独联体其他国家同期修建铁路数量的总和还要多。

为实现铁路线贯通全境的目标，2001 年哈萨克斯坦修建了 184 公里的“阿克苏—终点”路段，将哈萨克斯坦北部与东部连通；2003 年修建了 402 公里的 Хромтау —Алтынсарино 路段，将哈萨克斯坦北部与西部连通；2008 年修建了 153 公里的 Шар —Усть-Каменогорск 路段，从此哈萨克斯坦东部铁路摆脱了必须两次过境俄罗斯才能与国内其他地区铁路连接的状况。① 2013 年 5 月 12 日，又开通了从哈萨克斯坦 Болашак 车站到土库曼斯坦 Серхетяка 的新国际通道，新修铁路总长度达 1182 公里。

截止到 2013 年，哈萨克斯坦全境有干线铁路 14800 公里，其中复线铁路约 4900 公里，占总长度的 33%，电气化线路 4200 公里，占总长度的 28%，铁路密度每千平方公里 5. 68 公里。根据 2012 年统计数据，在全国货运总量和客运总量中，铁路运输分别承载了 49% 和 9%。哈萨克斯坦共有 16 个国际铁路对接点，将其铁路系统与周边邻

① Железная дорога-на пороге существенных реформы, набирает скорость развития, Аналитический обзор ATFBankResearch, Декабрь 2010.

国相连（11 个对接俄罗斯，2 个对接乌兹别克斯坦，1 个对接吉尔吉斯斯坦，2 个对接中国），其中哈萨克斯坦与俄罗斯的铁路系统相互依存度最高。在全境铁路网络分布上，南部和东部地区铁路总长度超过 4000 公里，占全国铁路总长度的 27.5%，西部地区 3900 公里，占总长度的 26.9%，中部和北部地区 6000 公里，占总长度的 43.5%。

（二）公路运输

哈萨克斯坦拥有的公路网数量仅次于俄罗斯，在独联体国家中居第二位。公路总里程为 12.83 万公里，其中 9.74 万公里为普通公路，2.35 万公里为国道，7.39 万公里为州级和地区级公路。据世界银行估算，目前哈萨克斯坦共和国公路网的价值为 1097 亿美元，相当于 2012 年哈萨克斯坦 GDP 的 54%。

哈萨克斯坦公路部门每年直接吸纳 5 万人就业，其中 4.3 万人从事维修，0.7 万人从事开发。自 2001 年起，哈萨克斯坦已投资 14537 亿坚戈用于恢复和开发普通公路。2001—2012 年，共维修普通公路 4.52 万公里，其中完全恢复的 1.48 万公里，使 31% 的普通公路状况得到改善。

从2013年公路状况看，20%技术状况良好、47%令人满意、33%令人不满意。用于国家级公路开发维护的直接和间接费用为10219亿坚戈，相当于2012年GDP的3.46%。

由于长期对公路建设缺少足够重视，加上苏联时期的筑路标准低，造成哈萨克斯坦公路发展滞后，同时存在等级差、人为关卡多、跨州中转货量小等问题。公路运输费用在最终产品价值构成中占比高达11%，而发达市场经济国家的指标为4%—4.5%，哈萨克斯坦经济比发达经济体承担的运输成本高1倍多。公路状况的恶化也影响了国家竞争力国际排名。2006—2011年，哈萨克斯坦公路质量评级一直在恶化，降至125位，比2006年退后27位，2012年时回升8位。

哈萨克斯坦在世界经济论坛全球竞争力指数

“公路质量”指数动态（2006—2012）

年份	2006	2007	2008	2009	2010	2011	2012
评级位次	98	109	108	116	124	125	117
偏离，+/-		-11	+1	-8	-8	-1	+8

资料来源：Государственная программа развития и интеграции инфраструктуры транспортной системы Республики Казахстан до 2020года. Астана，2013。

（三）航空运输

哈萨克斯坦国土辽阔，航空运输占有重要地位。

哈萨克斯坦现有20个大型机场。在15个能够提供国际航空服务的机场中，只有11个符合国际民航组织的标准。阿斯塔纳和阿拉木图市机场已获得国际民用航空组织ⅢA和ⅢB认证；阿特劳机场获得了Ⅱ级认证；巴甫洛达尔、奇姆肯特、卡拉干达州、杰兹卡兹甘、阿克纠宾、乌斯季卡缅诺戈尔斯克、克孜勒奥尔达、阿克套机场获得Ⅰ级认证。按照国际航空组织的建议，2014—2015年，哈萨克斯坦计划所有机场都通过地面服务安全认证。

据哈萨克斯坦交通部民航委员会统计，共有31家航空公司拥有有效运营航空许可证。哈萨克斯坦航空公司现直飞88条国内国际航线，航空里程80718公里。与周边国家共用71条空中走廊。在民用航空部门就业有16500人，2012年，该部门收入3130亿坚戈，相当于GDP的1%。

民用航空部门的主要问题可归纳为：技术装备薄弱；机场地面基础设施老化（占50%）；飞机陈旧；现有地

方航线数量少；机场中准确引导着陆的系统和能够保证在复杂气象条件下目测的工具不足；专用设备、照明、供电和通信设备严重老化；地面基础设施、卡车库和终端装备达不到必要的水平；专业干部严亘短缺。

（四）水路运输

作为世界上最大的内陆国，哈萨克斯坦水路运输并不发达。哈萨克斯坦西濒世界上最大的内陆湖——里海，哈萨克斯坦在里海海上运输主要依靠位于北里海东岸的三个港口：阿克套国际贸易港、库雷克港和包季诺港。目前阿克套港是哈萨克斯坦唯一的国际港口，也是里海最现代化的港口。阿克套港面积81.7公顷，货物周转量占里海港口总周转量的34%。库雷克港为专业港，哈萨克斯坦为扩大海运能力，已将库雷克港纳入哈萨克斯坦属里海地区发展规划。库雷克港设计能力为年装运原油2000万吨，扩建后将成为“巴库—第比利斯—杰伊汉”（又称里海石油管道）输油管线项目的海运终端。包季诺港是哈萨克里海大陆架石油开采公司的海运辅助港口，主要用于转运哈萨克斯坦境内石油开采公司所需的设备、建材、燃料外资等。

目前，哈萨克斯坦内河航运总里程4108.5公里，分布在三个水域：额尔齐斯河水域（航道1719.5公里）、伊犁河—巴尔喀什水域（航道1308公里）和乌拉尔河—里海水域（航道956公里）。

哈萨克斯坦是国际海事组织成员，共加入了12个国际海事组织和国际劳工组织的主要公约。水路运输部门存在的主要问题是：缺乏灵活的税费形成机制；国家技术船队设备严重老化；国家造船和船舶维修企业的发展滞后；海岸基础设施的发展和载重千吨以上的船舶使用问题；教育体系不符合国际要求，吸引专业人才不足。

二 境内过境运输物流体系发展现状

哈萨克斯坦地处欧亚腹地，具有欧亚贸易和交通枢纽的地缘优势。在经济全球化的条件下，物流运输业已成为哈萨克斯坦经济增长的关键驱动力，对哈萨克斯坦GDP的贡献率约为8%，哈萨克斯坦希望在日益扩大的中欧贸易货物过境运输中占有更大的市场份额。

（一）哈萨克斯坦开展过境运输的前提

哈萨克斯坦地跨亚欧两大洲，是连接中国与欧洲的重要交通枢纽，近年来规模不断扩大的中欧贸易、庞大的物流运输量引起哈萨克斯坦的极大兴趣，也为哈萨克斯坦扩大过境运输提供了前提。2011 年中欧贸易额为 5672 亿美元，货运量为 1260 个 20 英尺标箱，但欧盟自中国进口货物中的绝大部分通过苏伊士运河，哈萨克斯坦仅保证了这些过境运输量中的 0.5%。据专家预测，中欧贸易额到 2020 年将从 5672 亿美元增至 7810 亿美元，中欧货物运输量将从 1.17 万吨增加到 1.70 万吨，约 1700 万个标箱，经哈萨克斯坦过境的中—欧—中货物运输量可能达到 150 万个标箱，在全部过境货物运输量中占比上升到 8%。

此外，2010 年开始运行的关税同盟、之后统一经济空间的成立对形成有效的中欧运输走廊将有实质性贡献：由于简化了通关程序，在通过统一经济空间国家时只需在中哈边界和与欧盟国家的边界两个地方通关。

2012 年，在哈萨克斯坦第 25 届外国投资委员会全体会议上，哈萨克斯坦总统纳扎尔巴耶夫提出要实施

“新丝绸之路”项目，指出“哈萨克斯坦应该复兴自己的历史地位并成为中亚地区最大的商业过境运输枢纽，连接欧亚的特殊桥梁……在哈萨克斯坦所在的关键运输走廊上建立包含贸易物流、金融商务、创新技术和旅游在内的完整国际枢纽综合体”。该线路将成为东西方之间最短和最安全的过境运输走廊。为此哈萨克斯坦将在国内实施大规模的运输物流综合体现代化项目，到2020年前总投资额超过600亿美元。该项目若顺利实施将为哈萨克斯坦2050年前进入全球最发达的30国奠定坚实基础。

（二）哈萨克斯坦开展过境运输的现实基础

目前，哈萨克斯坦境内共有五条已建和在建的国际铁路运输走廊和六条国际公路，是其开展过境运输的硬件基础。

五条国际铁路运输走廊分别为：

（1）北方走廊/跨亚洲铁路干线：起始车站为位于中哈边境的多斯特克市，途经阿克托盖、萨雅克、莫英德、阿斯塔纳、彼得罗巴甫洛夫斯克后穿越俄罗斯，将欧洲与中国和东南亚连接起来。全线长1910公里，货物运输时间为 10 个昼夜。

（2）南方走廊：从东南欧经土耳其、伊朗、中亚国家抵达中国和东南亚（多斯托克/霍尔果斯—阿克托盖—阿拉木图—舒—Арысь - Сарыагаш）。

（3）欧洲—高加索—中亚走廊/TRACECA（Transport Corridor Europe Caucasus-Asia）：由欧盟提议建设，现有阿塞拜疆、亚美尼亚、格鲁吉亚、保加利亚、罗马尼亚、摩尔多瓦、土耳其、乌克兰、哈萨克斯坦、吉尔吉斯斯坦、乌兹别克斯坦、塔吉克斯坦、土库曼斯坦 13 个参与国。以黑海西岸的港口（土耳其的伊斯坦布尔、罗马尼亚的康斯坦察、保加利亚的瓦尔纳和乌克兰的敖德萨，在此利用泛欧走廊 No. 3、No. 5、No. 7、No. 9 的基础设施）为起点—换轮渡过黑海—抵达格鲁吉亚、亚美尼亚、阿塞拜疆的波蒂、埃里温、巴库—换轮渡过里海—抵达哈萨克斯坦、土库曼斯坦、乌兹别克斯坦、吉尔吉斯斯坦、塔吉克斯坦。从起点的四个港口城市到达哈萨克斯坦与中国的边境车站多斯托克[①]总里程分别为

① 多斯托克车站是哈萨克斯坦阿拉木图省的一座城市，接壤中国新疆。既是从中国新疆前往哈萨克斯坦的第一站，也是从哈萨克斯坦抵达中国境内的最后一站。多斯托克（哈萨克语：Досты ，俄语：Дружба）现今是渝新欧线路上的一个非常重要的铁路站，并有公路和铁路连接新疆阿拉山口。

7128公里、7120公里、7168公里、7067公里。

（4）北—南走廊：从海湾国家经俄罗斯和伊朗到北欧（哈萨克斯坦境内路段：自阿克套海港—俄罗斯乌拉尔地区和阿克套—阿特劳，以及经新的铁路线乌津—土库曼的Берекет—伊朗的戈尔干）。

（5）中央走廊：沿中亚—北欧—西欧方向的地区过境运输（Сарыагаш-Арысь-Кандагач -Озинки路段）。

哈萨克斯坦境内现有六条国际公路，总长8258公里，承担着欧亚大陆之间过境货物运输的重要任务。它们分别是：

（1）塔什干—霍尔果斯公路（乌、哈、吉、中），起自乌兹别克斯坦首都塔什干—奇姆肯特—塔拉兹—吉尔吉斯斯坦首都比什凯克—阿拉木图—中哈边境霍尔果斯，长1150公里。

（2）奇姆肯特—萨马拉公路（哈、俄），奇姆肯特—克孜勒奥尔达—阿克纠宾—乌拉尔斯克—萨马拉，长2029公里。

（3）阿拉木图—彼得罗巴甫洛夫斯克公路（哈、俄），阿拉木图—卡拉干达—阿斯塔纳—彼得罗巴甫洛夫斯克，长 1724 公里。

（4）阿斯特拉罕—土库曼斯坦边境公路（哈、土），阿斯特拉罕—阿特劳—阿克套—土库曼斯坦边境，长 1402 公里。

（5）鄂木斯克—迈卡普沙盖公路（俄、哈），鄂木斯克—巴甫洛达尔—塞米巴拉金斯克—迈卡普沙盖，长 1094 公里。

（6）阿斯塔纳—叶卡捷琳堡公路（哈、俄），阿斯塔纳—科斯塔奈—车里雅宾斯克—叶卡捷琳堡，长 891 公里。

（三）哈萨克斯坦交通物流发展水平

目前，哈萨克斯坦国内只有阿拉木图地区的物流服务水平接近国际质量标准，该地区有大量 A 级仓库，物流市场也引入了竞争机制，而首都阿斯塔纳刚开始出现物流基础设施。据世界银行 2012 年所做的世界物流调查结果，哈萨克斯坦物流体系物流效率指数（LPI）在参加调查的 155 个国家中排名第 86 位，与 2010 年相比退后 24 位。哈萨克斯坦评级下降主要与以下分指标水平下降有关："基础设施质量"排第79位、"国际商品供应组织的简易度"排第92位、"遵守交货期限"排第132位、"海关通关效率"排第73位，通关速度和可预测性下降。

哈萨克斯坦国内用于物流的费用高出发达国家数倍，在产品成本中所占比例高达25%，是全球物流平均水平11%的2倍多。哈萨克斯坦物流市场的主要问题在于国内缺少基础设施和发达的物流网。（1）现有的道路开发机械老化率高；大部分汽车运输基础设施使用时间已超过标准期限。（2）铁路网发展不足，铁路部门固定资产老化率提高。客运车辆短缺，配套服务水平低下，缺乏竞争；用于更新和发展铁路交通运输的资金不足；现行的税费形成机制和调节机制中排除了运营商以客户为导向。（3）民用航空领域的主要问题是用于支线航空的飞机陈旧，不符合国际标准。（4）水上运输领域的问题是港口基础设施能力不足，配套基础设施发展薄弱；国内专业人才短缺；必须改造航路。（5）哈萨克斯坦物流部门吸引投资面临的尖锐问题是缺少专业干部，哈萨克斯坦没有专门培养物流专家的高校。

三 哈萨克斯坦交通运输基础设施发展规划及前景

(一)2020 年国家交通基础设施发展规划

哈萨克斯坦十分重视自身的过境国地位，近年来一直在投巨资改善交通基础设施。进入 2000 年后，哈萨克斯坦先后通过了《哈萨克斯坦共和国 2004—2006 年铁路改造规划》《哈萨克斯坦共和国 2015 年运输发展战略》《哈萨克斯坦共和国 2010—2014 年加速工业创新发展国家规划》《哈萨克斯坦共和国至 2020 年发展战略计划》《哈萨克斯坦共和国交通通信部至 2011—2015 年战略计划》等多个国家规划和部门计划。2013 年，在世界银行协助下，哈萨克斯坦交通通信部制定了《哈萨克斯坦至 2020 国家交通基础设施发展规划》，对铁路、公路、水运、航空等基础设施改造和建设进行了详细规划，主要目标是建立现代化交通基础设施，提高本国交通体系的竞争力，发掘本国过境潜力，保障哈萨克斯坦经济进一步增长，创造新就业岗位以及提高交通安全水平和服务质量，满足居民对交通领域的需求。

《哈萨克斯坦至2020国家交通基础设施发展规划》将分两个阶段实施（2014—2016年和2017—2020年）。第一阶段，将实施配套措施，旨在完善所有交通部门（铁路运输、公路部门、汽车运输、水路运输和民用航空部门）的标准、法律、方法和制度基础，其中包括建立“地区基础设施中心”。第一阶段还将集中完成已经实施的诸项目，其中包括准备2017年世博会框架下的项目以及新的大型基础设施项目。第二阶段将继续实施第一阶段的大型基础设施项目。该阶段将形成现代交通运输基础设施，保证在个别地区建立“基础设施中心”，实现过境运输潜力。

（二）交通运输业各部门发展目标和任务

1. 铁路运输部门

截至2017年，修建别伊涅乌—乌沙卡尔、热兹卡兹干—萨克萨乌力斯卡娅两条铁路线。到2020年，为进一步加快货物和旅客运输，修建近1400公里铁路线。

建设所需资金的50%由私人投资。到2020年，使机车老化率从2012年的68%降至40.2%，干线铁路网老化率从64%降至40%，货运列车平均速度从49公里/小时提高至55公里/小时，经哈萨克斯坦的铁路过境运输量从1630万吨提高到3220万吨。铁路运输成本在产品出口成本中占比下降20%，电气化铁路里程在哈萨克斯坦铁路总里程中占比提高至40%，在货运和客运领域各培养5个或更多市场份额不少于7%的独立的大型运营商。

2. 公路运输部门

截至2020年，公路领域的主要任务是完成连接国内各地区公路干线项目，这些项目包括：

（1）完成欧洲西部—中国西部国际交通走廊改造工程（即“双西公路”）；

（2）完成“中—南”“中—东”“中—西”方向的三个大型项目；

（3）完成国家公路网及其他国际公路建设和改造任务，包括：阿斯塔纳—科斯塔奈—车里亚宾斯克、塔斯克斯肯—巴赫特、鄂木斯克—迈卡普恰盖、阿拉木图—

乌沙拉尔—多斯托克、萨马拉—乌拉尔斯克—阿克托别、阿斯特拉罕—阿特劳—阿克托别、俄罗斯边境（阿斯特拉罕）—阿特劳—阿克套—土库曼斯坦。

3. 水路运输部门

到2020年，将加入海洋运输国际条约数量从2016年的4个增至7个，将海洋和内河运输终端数量从6个增至9个，将海岸基础设施保障率从45%提高至50%，实现内河轮渡现代化，扩充哈萨克斯坦海运船舶数量。将哈萨克斯坦海洋港口过货量从2012年的1400万吨增至2020年的2050万吨，将哈萨克斯坦在里海地区的海洋运输占比从58%提高至70%，将内河运输量从120万吨增至250万吨，将水运的过境运输量从16万吨增至150万吨。

4. 航空运输部门

到2020年，改造15个机场空港配套设施，改造机场起降跑道和地方航线机场人工跑道，将拥有国际民航组织证书的机场数量从14个增至18个，将拥有国际民航组织I级证书的机场数量从10个增至14个，将国际航线从2012年的64条增加2020年的128条，完全实行欧洲航空标准，航空运输转运量提高8%，建立航空运输竞争市场，运营4个国际机场。

（三）所需资金及融资来源

为了实施上述规划项目将耗费52200亿坚戈，其融资来源为：

哈萨克斯坦2020年前交通基础设施发展规划融资来源

融资来源		所需资金（亿坚戈）
规划的所有支出		52200
	共和国预算	27242.45
	国家基金	2340.00
	地方预算	1780.68
	哈铁集团股份公司自有和借贷资金	15355.65
	"阿克套国际贸易海港股份公司" 自有和借贷资金	246.40
	"哈萨克斯坦交通发动机" 公司借贷资金	120.00
	公司合作伙伴关系	1464.98
	私人投资	2760.05
	收费缴纳	889.80

资料来源：Государственная программа развития и интеграции инфраструктуры транспортной системы Республики Казахстан до 2020года. Астана，2013。

在铁路基础设施建设融资方面，除预算拨款外，近几年来，哈萨克斯坦开始采用PPP（公司合作伙伴关系）

模式。哈萨克斯坦是中亚国家中采用BOT方式融资最多的国家，其主要做法为：国家（提供土地、优惠建设和运营条件）、铁路部门（即哈萨克斯坦国家铁路公司提供部分资金、设计、技术支持、专家等）、私人资本（主要投资）按照占股的方式合作。

四　哈萨克斯坦交通基础设施领域相关法律规定

基础设施互联互通属于自然垄断和国家垄断部门，其融资、建设、运营、管理有其独特的特点，对法律和规制保障有较高的要求。哈萨克斯坦是中亚国家中对外资开放度较高的国家，制定了多项外资保障及税收优惠措施，但对外资并非没有限制，在外资法中建立了审批制度以把握外资投向，引导外资投入本国亟待发展的重点行业和领域，限制外资可能造成的消极影响。除此之外，还有多项法律对交通运输基础设施建设运营融资活动进行约束和调节。

1. 哈萨克斯坦共和国对铁路建设运营，从事公路活动均实行许可证管理和招标制。根据《哈萨克斯坦共和国许可证法》[①] 第二章第9款规定，必须强制实施许可证制度的活动种类包括"通过铁路、轮船、海轮、飞机运送旅客和货物，通过汽车过境运送旅客和货物，各种方式运送危险货物，空中工作"。"对铺设铁路路基和路面建设、对铁路供电网的安装均实行许可证管理。"

2. 哈萨克斯坦《铁路运输法》规定，对与铁路运输经营活动有关的服务、工程、产品必须实施资格证书管理，对个别经营活动实施许可证制度管理，对车辆进行国家登记注册。根据哈萨克斯坦的《公路法》，公路建设运营由国家统一管理。

3. 哈萨克斯坦大中型工程建设项目需采取招标方式进行，工程承包招标信息刊登在当地《Бюллетень（bulletin)》（每周五期）报纸上，同时哈萨克斯坦政府采购网 http：//goszakup. gov. kz 也会登载《Бюллетень》的全部招标信息。哈萨克斯坦没有招标法，规定招投标的主

① 《哈萨克斯坦共和国许可证法》，1995 年 4 月 17 日第 2200 号，哈萨克斯坦共和国上议院公报，1995 年，第 37 页。

要法律文件包括《国家采购法》《地下资源开采作业中商品、工程服务采购规定》及《“萨姆鲁克—卡泽纳”基金会商品、工程服务采购规定》[①] 等。

4. 哈萨克斯坦《特许经营法》规定，其特许经营覆盖哈萨克斯坦国内所有经济部门（领域），但列入哈萨克斯坦总统确定的清单中的对象除外。外资从事铁路、公路等通道建设、运营要获得特许经营权。特许经营合同有效期为30年。

5. 哈萨克斯坦政府制定了国内基础设施、工业和住宅等领域的发展规划，并鼓励外资进入。按照《哈萨克

① 萨姆鲁克国家福利基金2008年由萨姆鲁克国有资产控股集团和卡泽纳稳定发展基金两家单位合并而成，是哈萨克斯坦参照新加坡淡马锡控股集团管理模式而组建的国有资产经营管理机构，负责管理哈萨克斯坦所有的大中型国有企业，其中包括国内大型国有企业、主要投资机构、金融组织，涵盖了哈萨克斯坦国内几乎所有支柱产业和金融服务领域，总资产约占哈萨克斯坦国民生产总值的1/4。基金下辖的39家国有大公司中包括哈萨克斯坦国家石油天然气公司、哈萨克斯坦国家铁路公司、哈萨克斯坦电网公司、哈萨克斯坦国家工程公司、“萨姆鲁克—电力”公司、哈萨克斯坦电力市场运营公司、哈萨克斯坦开发银行、国家出口信贷和投资保险公司、哈萨克斯坦投资基金等。

国家福利基金按法律性质属于国有的法人企业，基金的唯一股东是哈萨克斯坦政府，不列入政府序列。国家福利基金董事局成员由政府总理、副总理、总统办公厅副主任（或总统经济顾问）、财政部部长、经济和贸易发展部部长、工业与新技术部部长、油气部部长，以及2名独立董事组成，董事局主席由政府总理担任。

斯坦共和国投资法》，不论内资、外资在哈萨克斯坦投资都将享受统一的特惠政策。

6.《哈萨克斯坦至2015年运输战略》提出，在国家对运输基础设施项目拨款的同时，应吸引发展机构（哈萨克斯坦开发银行、创新基金）、其他国内和国际金融组织发展机构（欧洲复兴与开发银行、亚洲发展银行、世界银行、美洲开发银行及其他）参与。哈萨克斯坦吸引外来投资参与铁路建设主要模式为：国家（提供土地、优惠建设和运营条件）、铁路部门（即哈萨克斯坦国家铁路公司提供部分资金、设计、技术支持、专家等）、私人资本（主要投资），按照占股的方式合作。这一政策导向为放开铁路、公路建设运营市场提供了宏观环境。目前众多国际工程承包企业已经参与到哈萨克斯坦各行业工程建设中，外国承包商约占其承包工程市场的21%。

目前哈萨克斯坦的交通物流体系只是在技术层面发挥作用，还缺少具体的法律保障。因此只能靠现行的法律（“哈萨克斯坦交通法”“哈萨克铁路运输法”“哈萨克斯坦海关法典”）中的相关条款来调节过境运输和交通物流问题，而这些法律还需要进行一系列修改和补充。

五　中哈运输物流合作的进展、风险及应对

（一）进展

自2013年9月7日中国国家主席习近平在哈萨克斯坦首倡共建“丝绸之路经济带”以来，中哈两国领导人实现多次互访，双方在政治、外交、经贸、文化等领域的合作都有了前所未有的突破。2014年11月，哈萨克斯坦总统纳扎尔巴耶夫发表了2015年国情咨文——《光明之路，通往未来之路》，宣布哈萨克斯坦将制定和推行“光明之路”新经济政策，其核心是要大力推动基础设施建设，特别是完善交通道路基础设施，以阿斯塔纳为中心，形成公路、铁路和航空一体的紧密相连的交通网络。为此，未来5年将投资200亿美元，2015—2017年将从国家基金每年拨款30亿美元。之后两国领导人又提出，将共建丝绸之路经济带、实现丝绸之路经济带与“光明之路”新经济政策的对接，商定除继续加大能源资源领域的合作力度外，要开拓更多的非能源领域的合

作，打造“国际物流通道经济”，成为中哈共同参与丝绸之路经济带建设的重要内容。

近年来，中哈基础设施建设和运输物流合作正在稳步推进，并开始取得初步成果。

2011 年 12 月，中哈铁路完成在霍尔果斯口岸的对接，成为继 20 世纪 90 年代阿拉山口铁路对接之后的第二条中哈铁路通道。在中哈 1770 公里的边境线上，目前已开通阿拉山口和霍尔果斯两个公路和铁路并行口岸，吉木乃、巴克图和都拉塔 3 个公路口岸。中哈两国铁路联网为实现成为欧亚大陆运输走廊的愿望奠定了良好的基础。截至 2015 年 10 月底，霍尔果斯铁路口岸站累计运输货物量已突破 400 万吨，达到 405 万吨，预计到 2020 年进出口过货量将达 2000 万吨。

2011 年 4 月，渝新欧国际铁路全线开通。这是中国重庆经新疆出境，经哈萨克斯坦、俄罗斯、白俄罗斯、波兰，至德国杜伊斯堡的首趟中欧班列，也是世界上最长的铁路之一，是中国最成熟的第三条欧亚大陆桥的线路。截至 2015 年年中，渝新欧货运量累计达 1.27 万标箱，货值 40 多亿美元。在“渝新欧”示范带动下，郑州、武汉、成都、西安、合肥等中西部内陆城市，近几年也纷纷拓展面向欧亚的跨国物流。目前经新疆阿拉山口和霍尔果斯口岸出境的中欧班列已达 11 条，成为丝绸之路经济带国际物流运输骨干。

2014 年 5 月，中哈连云港物流合作基地一期投产运营。中哈连云港物流合作基地自 2013 年 9 月开始筹建，2014 年 5 月项目一期建成正式启用至今，已成为中亚国家对日、韩及东南亚转口的重要货物中转基地。截至 2015 年年底，港口转运货物总量达25 万标准集装箱。该基地是丝绸之路经济带建设的第一个实体项目，具有风向标式的引领意义，直接影响到上海合作组织成员国的后续跟进。

2014 年 12 月 25 日，哈萨克斯坦“霍尔果斯—东大门”经济特区陆港正式投入使用，这是哈萨克斯坦境内最重要的物流中心，业务范围包括集装箱服务、仓储服务、货物分类及包装等。通过陆港，来自中国等亚太国家和地区的货物将过境哈萨克斯坦运往俄罗斯和欧洲各国，不但能缩减运输距离和时间，还将给哈萨克斯坦带来巨大经济效益。哈萨克斯坦对陆港寄予厚望，希望通过它大幅提高哈中贸易额，并扩大中国与里海国家之间的贸易往来。

2016 年 2 月 18 日，中哈俄开通新疆至俄罗斯多边国际道路运输线路，自此，中方货车经行哈萨克斯坦共和国后不再需要卸货、报关、中转等环节，可直接驶至俄罗斯联邦口岸。这也是落实“一带一盟”国家战略对接的具体进展。

（二）风险

政治风险：目前哈萨克斯坦政局总体稳定，总统纳扎尔巴耶夫国内支持率很高，多年来与中国保持友好的外交关系。但哈萨克斯坦政治与社会稳定高度依赖政治强人纳扎尔巴耶夫的个人状况。哈萨克斯坦最大的政治风险在于缺乏正常的领导人更迭交接机制，在后纳扎尔巴耶夫时代可能在政权模式和对外政策中都会有较大的摇摆，在政治安全和发展方面存在不确定性，民族、宗教冲突也有可能因此激化。目前中哈经贸投资合作是以政治关系和政府间协议做担保的，不排除由于政局变动、政权更替导致在建项目叫停搁浅的可能。

经济风险：哈萨克斯坦经济发展高度依赖能源矿产领域，容易受到外部环境冲击。受国际油价下跌、俄罗斯经济衰退、世界经济复苏缓慢、中国经济放缓等多重因素影响，2015 年哈萨克斯坦经济增速大幅下降。虽然哈萨克斯坦政府出台了“光明之路”新经济政策以及《工业创新发展国家纲要 2015—2019》，以求改变经济结构，但达到预期效果仍需较长时间，而且政策的执行效果尚不得而知。短期来看，外需以及大宗商品市场的表现仍将对哈萨克斯坦经济发展产生较大影响，同时影响中哈经贸投资，2015 年中哈贸易额下降到 105.67 亿美元，仅为 2013 年的 36%、2014 年的 61%。

汇率风险：在外部环境的压力下，2015 年哈萨克斯坦坚戈大幅贬值 85%，现已放弃汇率走廊，改行自由浮动汇率。目前看，坚戈贬值并未给哈萨克斯坦国内经济和经常账户带来明显改善，在外部经济疲软、大宗商品难有明显起色的情况下，坚戈仍可能出现大幅波动。

投资环境风险：经济下行压力增大促使哈萨克斯坦收紧外资政策。目前哈萨克斯坦国内政策环境、市场环境、行政环境等都存在着不确定性，投资环境的宽松度和自由性已与以前有所不同。近年来国家保护主义逐渐显现，哈萨克斯坦政府不断根据国内经济状况调整利用外资的政策，政策环境多变，针对外资及外资企业出台新的政策，如企业注册、劳务许可、税收、企业采购等，许多是直接的限制性措施，而且政府行政过程中腐败现象严重，投资者因此面临一定的法律和政策风险。

（三）应对措施

1. 加强政府间合作平台的建设。加强政府间政策协调，就经济发展战略和政策进行充分交流，协商制定推进区域合作的规划和措施，形成合力。除元首会晤机制外，建立定期、多领域的对话磋商机制，及时处理合作过程中出现的问题。通过签署双边投资保障协定等方式，向投资者保证东道国政府给予其非歧视性待遇（国民待遇），并同意将纠纷送交中立仲裁机构解决，以有效降低政治风险。

2. 完善企业内部风险控制体系建设。对东道国投资风险的评估，政治风险最难把握。企业在前期可行性论证阶段就应该做好政治风险的全面调查和系统评估工作，完善风险评价和管控方法。从风险评估、风险决策、风险控制和风险补救措施等角度进行监测评价，研究提出风险防控预案。

3. 做好项目成本核算。中哈基础设施建设项目均为长期投资和贷款，即便这些工程能够盈利，其成本回收周期也非常漫长，而在当前经济下行的条件下，这些工程能否盈利本身就存在巨大的疑问。对基础设施项目必须遵循国际通行规则严格进行可行性论证，既要考虑需要也要考虑可承受能力，既要算政治账也要算经济账。防止出现后续项目的“无底洞”效应。

4. 加大对项目融资风险监管力度。截至目前，中方对哈萨克斯坦提供融资的项目均属政府间合作项目，理论上讲风险应相对锁定。但考虑到哈萨克斯坦面临的中期政治风险，法律多变、政策在执行过程中经常走样的现实特点，对项目融资仍应加强建设期和运营期的风险预控和管理。根据国家银监会《项目融资业务指引》的规定，应进一步细化相关风险，其中首先要关注的是完工风险、超支风险、原材料风险、营运风险、汇率风险、环保风险等。在今后的项目融资中，为了降低所在国政府干涉贷款利益人的风险，可尝试与当地有影响力的商业银行一同安排平等贷款，利益共享，形成有效的协调机制。

分报告三

“丝绸之路经济带”与哈萨克斯坦“光明之路”计划对接中的生态环保因素

张　宁

当前，国际社会对绿色发展的要求越来越高，全球环保意识不断增强，绿色经济成为经济增长的重要支点，环境贸易与绿色经济的竞争日益激烈，绿色贸易壁垒越来越多，国际投资正朝着绿色方向发展。在此大环境背景下，推进“一带一路”不可避免地要求重视生态与环保合作，打造“绿色丝绸之路”。

一　哈萨克斯坦的环保管理体制

哈萨克斯坦拥有丰富的资源，但也面临严峻的环境问题，主要集中在水体污染、大气污染、工业废弃物及生活垃圾管理、土壤荒漠化、核辐射，以及生物多样性保护等方面。在水资源方面，由于地表水资源分布不平衡，加上对水资源的不合理利用等，造成部分地区水资源短缺。同时，随着经济发展，水污染问题开始凸显。大气污染方面，除核试验对大气环境所造成的污染外，工业污染严重。固体废物方面，工业废弃物和生活垃圾管理问题始终困扰环保部门。土壤环境方面，哈萨克斯坦面临的最大问题是土壤荒漠化。核辐射方面，核废物利用和放射性废料掩埋等问题尚未得到解决。生物多样性方面，滥伐盗伐林木和偷猎滥捕动物等屡禁不绝。

2013 年 10 月 29 日，哈萨克斯坦总统签署《关于完善国家管理体系的总统令》，将农业和水利部下属的三个委员会（水资源委员会、渔业委员会、森林和狩猎委员会）转归环保部，环保部由此更名为“环境和水利部”，农业和水利部则改称“农业部”。2014 年 8 月 6 日，机构调整后，这三个委员会又重新划归农业部管理。自此，哈萨克斯坦环保事务主要由以下部门负责：水资源——能源部水资源委员会；土壤——国家经济部建设、住宅—公共事务和土地资源管理委员会；林业——农业部森林与动物委员会；自然资源保护区——农业部森林与动物委员会；地下资源开发利用——投资与发展部地下资源利用委员会；自然和技术紧急状况——内务部紧急状况委员会；居民卫生防疫——国家经济部消费者权益保护委员会；兽医——农业部；植物检验检疫——农业部；原子能利用——能源部原子能与电力监管委员会；垃圾处理——国家经济部建设、住宅、公用事业和土地资源管理委员会。①

为保护环境，哈萨克斯坦通过若干环保国家规划，近5年主要有：1.《2050年战略》，其中涉及环保内容，尤其强调绿色发展道路，应对人口失衡危机、粮食安全危机、水资源极端匮乏、能源安全危机、自然资源的枯竭危机等。比如与2008年相比，争取单位GDP能耗水平2015年下降10%，2020年下降25%；提高农

① Министерство Энергетики Республики Казахстан, Национальный доклад《Состояние окружающей среды Республики Казахстан》, 09 сентября 2015, 4.1. Структура государственного управления охраной окружающей среды и природных ресурсов, http://energo.gov.kz/index.php? id=2087.

业种植产出效率到2020年提高50%；发展可替代能源的生产，积极引进太阳能和风能技术，到2050年，可替代能源和再生能源所占的比重应不少于全部能耗的一半；到2020年解决居民饮用水的供应问题；第二阶段，到2040年解决农田灌溉问题，到2050年永久性解决保障水供应的问题。2. 2013年5月30日签发的总统令《转向绿色经济国家纲要》。3. 2014年4月4日签发的总统令《水资源管理国家纲要》。4. 2013年8月9日签发的总统令《节能——2020年》。确定哈萨克斯坦2020年前的各领域节能目标，总目标是与2008年相比，单位GDP能耗水平下降40%。推广应用节能灯具、街道照明、水管道等。5.《2014—2050年固体废弃物管理体系现代化国家纲要》。目标是2030年前，所有固体垃圾得到有效掩埋处理，其中95%垃圾得到卫生处理，40%固体废弃物得到回收利用（2050年达到50%）。6.《国家卫生纲要》。旨在建立足够的、高效的、高质量的、社会导向的国家卫生医疗和保健体系，提高民众健康水平，减少疾病。

哈萨克斯坦已加入的国际环保公约及协定

	公约名称	哈萨克斯坦批准加入文件
1	《国际气象组织公约》	Постановление ВС РК о присоединении от18. 12. 1992г. №1791-XII
2	《生物多样性公约》	Постановление КМ РК об одобрении от 19. 08. 1994г. №918
3	《禁止为军事或任何其他敌对目的使用改变环境的技术的公约》	Постановление ВС о присоединении от 20. 02. 1995 отN 301-XIII
4	《联合国气候变化框架公约》	Указ Президента РК о ратификации от 04. 05. 1995г. № 2260
5	《消耗臭氧层物质的蒙特利尔议定书》	Закон РК о присоединении от 30. 10. 1997г. №176
6	《保护臭氧层维也纳公约》	Закон РК о присоединении от 30. 10. 1997г. №177-I
7	《跨国境环境影响评价公约》	Закон РК о присоединении от 21. 10. 2000г. № 86-II
8	《远距离跨界大气污染公约》	Закон РК о присоединении от 23. 10. 2000г. № 89-II
9	《工业事故跨界影响公约》	Закон РК о присоединении от 23. 10. 2000г. № 91-II
10	《环境问题获得信息公众参与决策和诉诸法律的公约》	Закон РК о ратификации от 23. 10. 2000г. № 92-II
11	《关于消耗臭氧层物质的蒙特利尔议定书（修正案）》	Закон РК о присоединении от 07. 05. 2001г. №191-II

续表

	公约名称	哈萨克斯坦批准加入文件
12	《控制危险废物越境转移及其处置的巴塞尔公约》	Закон РК о присоединении от 10. 02. 2003г. №389-II
13	《联合国抗沙漠化公约》	Закон РК о ратификации от 07. 07. 1997г. № 149-1
14	《关于特别是作为水禽栖息地的国际重要湿地公约》	Закон РК о присоединении от 13. 12. 2005г. № 94-III.
15	《里海海洋环境保护公约》	Законом РК о ратификации от 13 декабря 2005 года № 97-III.
16	《关于持久性有机污染物（POPs）的斯德哥尔摩公约》	Подписана 2 мая 2001 года. Ратифицирована ЗРК от 2007 года
17	《鹿特丹协定——关于国际贸易中某些有害化学药品和杀虫剂的优先通知许可程序》	Ратифицирована ЗРК от 2007 года

二 土壤

哈萨克斯坦国土面积272万平方公里，其中34.3%可用于农业，8.7%用于居民、工业、交通和通信等，8.5%森林，5.1%国防用地，2.1%自然保护区，1.5%水域，39.8%储备土地（其中荒地约150万公顷）。根据土壤类型、气候条件和自然特征等，哈萨克斯坦官方将全国土地分为10种类型：森林（80万公顷）、草原

（2650万公顷）、干旱草原（6240万公顷）、半干旱沙漠（3720万公顷）、沙漠（1.12亿公顷）、山麓—荒漠—草原（1230万公顷）、亚热带荒漠（440万公顷）、亚热带山麓—沙漠（350万公顷）、中亚山地（1010万公顷）、南西伯利亚山地（320万公顷）。近年来，哈萨克斯坦土地类型面积变化较大的是农业和居民用地增加、储备土地减少。

截至2014年年底，环保部门累计发现违反土地管理的案件共3189件，涉及24.81万公顷（2014年1800公顷），主要问题是在地上建筑工业和交通设施、开采地下资源、从事地质勘探等。其中按部门看，国防、航天和国家安全部门等非农业用地问题居多；按地区看，曼吉斯套州、卡拉干达州、科斯塔奈州居多；按行业看，卡拉干达煤矿一家企业就占土地违法面积的一半。

哈萨克斯坦总体属于干旱缺水地区，沙漠、荒漠和半荒漠占哈萨克斯坦国土面积的90%以上，大都分布在北纬41°—北纬49°。沙漠面积约30万平方公里，主要沙漠有：雷恩沙漠、大巴尔苏基沙漠、咸海沿岸卡拉库姆沙漠、莫因库姆沙漠、萨雷耶西克阿特劳沙漠，以及克孜勒库姆沙漠的一部分。荒漠和半荒漠地区约有 200 万平方公里，降水稀少（100—150 毫米/年），气候干燥，植被稀疏。

土壤沙化和荒漠化是哈萨克斯坦面临的主要土壤问题。造成的原因主要有二：一是咸海干涸；二是 20 世纪 50—60 年代苏联时期的大垦荒运动。垦荒虽然增加了耕地，但同时造成土壤裸露，被风侵蚀后形成盐碱化，人口增加也加剧水资源消耗，使原本水草丰美的草原变成了沙尘策源地之一。

土地荒漠化的根本原因是干旱缺水，主要治理措施是解决水源问题，已采取的措施主要有：1. 人工降雨、增雨。哈萨克斯坦境内荒漠和半荒漠地区每年约有 100—150 毫米的降水，通过人工降雨和增雨措施，降水量有可能达到 200 毫米左右，有利于恢复荒漠、半荒漠地区的植被，缓解土地沙化和荒漠化。2. 培育和种植耐干旱、耐盐碱的植物。通过植被覆盖，减少水分蒸发和防沙固沙。3. 严格节水制度。尤其是克服落后的大水漫灌等用水习惯，对工业耗水大户和城乡居民生活用水等都给予严格的节约用水管理，将节约下来的水用于治理土地荒漠化。

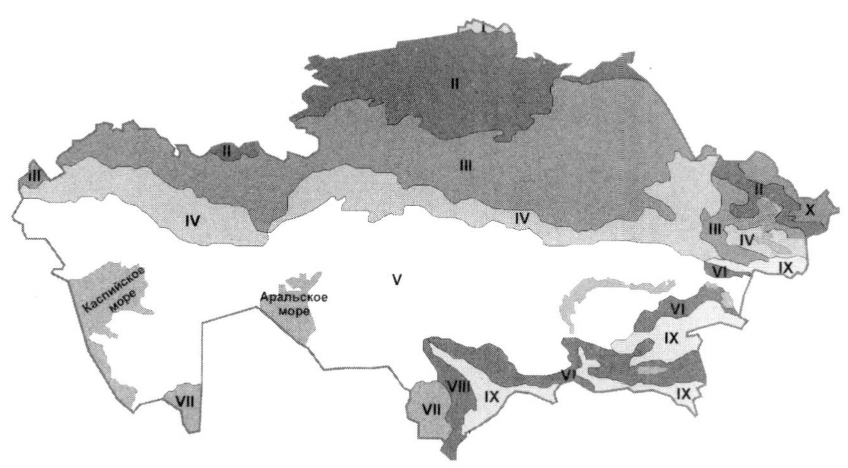

Цвет и индекс	Природные зоны	Площадь, млн.га	%	Из них сельхозугодий, млн.га	%
I	лесостепная	0,8	0,3	0,5	0,2
II	степная	26,5	9,7	23,5	10,6
III	сухостепная	62,4	22,9	55,5	24,9
IV	полупустынная	37,2	13,7	33,9	15,2
V	пустынная	112,1	41,1	83,4	37,6
VI	предгорно-пустынно-степная	12,3	4,5	10,2	4,6
VII	субтропическая пустынная	4,4	1,6	3,8	1,7
VIII	субтропическая предгорно-пустынная	3,5	1,3	3,1	1,4
IX	среднеазиатская горная	10,1	3,7	7,1	3,2
X	южно-сибирская горная	3,2	1,2	1,4	0,6
	Всего по республике	272,5	100,0	222,4	100,0

哈萨克斯坦气候和土壤类型分布

资料来源：МинистерствоЭнергетикиРеспубликиКазахстан，Национальныйдоклад《СостояниеокружающейсредыРеспубликиКазахстан》， 09 сентября 2015， 2.2. Земельныересурсы， Зонированиетерриториивеспубликипоприродныمусловиям， http：//energo. gov. kz/index. php? id = 2087。

中亚五国土壤水平地带特征

地带	亚带	面积/10^4hm^2	主要土壤类型	腐殖层厚度/cm	腐殖质含量/%	C/N	腐殖酸/富里酸	土地农业利用的可能性
森林	半温润森林草原	0.4	灰色森林脱碱黑钙土	50—60	5—7	12	1.5—2	稳定非灌溉土壤区，保证农作物（春小麦、小麦）有充足的水分，易耕地，无须进行土壤改良，可完全开发，其余的土地可用作牧场和草场，相对稳定非灌溉土壤区，季节性干旱，大部分区域可保证农作物有充足的水分。
草原	丛状森林草原	0.2	草甸黑钙土	50—70	6—9	9—11		
				60—70	8—12			
草原	半干旱草原	12.0	普通黑钙土	55—65	6—8	8.5—11.5	1.3	土壤含有轻质机械成分及碳酸盐，可免受风蚀，综合成土碱化程度高，需进行土壤改良，耕地需施磷肥，干旱期占全年的20%。
	干旱草原	12.9	南黑钙土	40—55	5—6	9—11		不够稳定的非灌溉土壤区，大部分区域不足以保证农作物所需的水分，干旱期占整个年份的30%，土壤改良建议如上。
	半干旱草原	27.7	暗栗钙土	35—45	3.5—4.5	9—10	1.1	不够稳定的非灌溉土壤牧区，大部分区域不足以保证农作物所需的水分，耕地需施磷肥，土壤干旱，风蚀严重，干旱期占整个年份的40%。
	干旱草原	25.4	典型栗钙土	30—40	3—3.5	8—9	1	不稳定的非灌溉土壤牧业区，几乎不能保证作物所需的水分，干旱期占整个年份的50%，是好的春季牧场。

续表

地带	亚带	面积/ 10^4hm^2	主要土壤类型	腐殖层厚度/cm	腐殖质含量/%	C/N	腐殖酸/富里酸	土地农业利用的可能性
半荒漠	荒漠草原	37.5	淡栗钙土	25—30	2—3	8—9	0—9	高产的牧区，不能保证农作物所需的水分，干旱期占整个年份的75%，农作物（黍、大麦、瓜类）主要生长在西部水分较充足的地段。
荒漠	北部荒漠	58.0	灰褐色荒漠土	20—25	1—3	7—8	0.8	秋冬产草最不足的牧区，农作物只能靠灌溉生长，但土壤不能保证灌溉用水。
	中部荒漠		灰褐色龟裂状砂土	10—15	0.7—1	6—7	0.5	
	南部荒漠	59.3		10—25	1—1.2	6.5—7	0.6	产草量少的牧区，在锡尔河、楚河和伊犁河等河流下游发育着可耕种的耕地，主要在龟裂土区。耕地需要施氮肥和磷肥，在南部荒漠区种植棉花作物。

资料来源：胡汝骥等《中亚（五国）干旱生态地理环境特征》，《干旱区研究》2014 年 1 月。

哈萨克斯坦国土分类（万公顷）

年份	2009	2010	2011	2012	2013
全部土地	26117	26117	26117	26117	26117
农用地	9170	9339	9373	9343	9628
农用地比重（%）	35.1	35.8	35.9	35.8	36.9
居民用地	2296	2322	2368	2379	2375
居民用地比重（%）	8.8	8.9	9.1	9.1	9.1
工业、交通和通信用地	262	266	269	262	273
比重（%）	1.0	1.0	1.0	1.0	1.0
自然保护区用地	473	565	576	578	652
比重（%）	1.8	2.2	2.2	2.2	2.5
林地	2329	2305	2303	2306	2294
比重（%）	8.9	8.8	8.8	8.8	8.8
水域	409	410	411	411	411
比重（%）	1.6	1.6	1.6	1.6	1.6
储备用地	11179	10911	10818	10839	10485
比重（%）	42.8	41.8	41.4	41.5	40.1

资料来源：МинистерствоЭнергетикиРеспубликиКазахстан，Национальныйдоклад《СостояниеокружающейсредыРеспубликиКазахстан》，09 сентября 2015，Распределениеземельногофондапоучетнымкатегориям，http：//energo. gov. kz/index. php？id =2087。

哈萨克斯坦土地类型（万公顷，截至 2013 年 11 月 1 日）

	总面积	耕地	多年生植物	荒地	草场	牧场	森林	沼泽	水下	其他
全部土地	26117	2502	13	438	492	18093	1326	110	771	2374
农用地	9628	2419	7	269	205	6391	0	19	24	293
居民用地	2375	28	3	9	21	2086	1	6	22	199
工业和交通用地	273	2	0	1	0	118	1	0	16	135

续表

	总面积	耕地	多年生植物	荒地	草场	牧场	森林	沼泽	水下	其他
自然保护区用地	652	0	2	1	11	302	167	16	48	105
林地	2294	8	0	0	25	842	1155	3	7	253
水域	411	0	0	–	3	10	0	4	386	9
储备土地	10485	44	1	158	227	8344	2	62	267	1379

资料来源：МинистерствоЭнергетикиРеспубликиКазахстан，Национальныйдоклад《СостояниеокружающейсредыРеспубликиКазахстан》，09 сентября 2015，http：//energo. gov. kz/index. php？ id = 2087。

三　水环境

哈萨克斯坦境内有 3.9 万条河流、4.8 万个湖泊、4000 个池塘和 204 个水库。据哈萨克斯坦《环境统计年鉴 2014》数据，哈萨克斯坦境内雪山面积约 2000 平方公里，总水量约 980 亿立方米。全国约有 8.5 万条河流，其中长度超过 10 公里的河流有 8000 多条。河网分布不均匀，从每平方公里 18 亿立方米到 0.3 亿立方米不等，沙漠地区更少。河流水量主要来源于雪山和冬季降雪。

2009—2014 年，哈萨克斯坦境内年均大气降水 336.6 毫米（最低 270.2 毫米，最高 372.8 毫米）；年均地下水资源总量422亿立方米（最低420亿立方米，最高423亿立方米）。地下水丰富的地区主要位于巴尔喀什—阿拉湖流域和额尔齐斯河流域；年均地表可再生淡水资源量1118亿立方米（最低927亿立方米，最高1436亿立方米），其中地表径流量年均634亿立方米（最低492亿立方米，最高772亿立方米），境外流入485亿立方米（最低418亿立方米，最高664亿立方米）。

据哈萨克斯坦2014年《水资源管理国家纲要》数据，哈萨克斯坦年均生态用水390亿立方米（其中巴尔喀什湖不少于120亿立方米，咸海不少于36亿立方米，锡尔河三角洲不少于27亿立方米，伊犁河三角洲20亿立方米），因水利设施不完善、蒸发、渗透、供应下游国家等需水290亿立方米，另有130亿立方米水质不安全，因此，年均实际可利用的水资源约245亿立方米。

据哈萨克斯坦《环境统计年鉴2015》数据，2009—2014年，哈萨克斯坦年均供水量（водозабор）222亿立方米，年人均1360立方米（其中克孜勒奥尔达州最多，达7240立方米）。其中取用地下水12亿立方米，年均运输途中的水量损失28亿立方米。

2009—2014年，哈萨克斯坦年均用水量

（Использование воды）196 亿立方米，其中年均再生水总量 81 亿立方米，年均再生水占淡水用水量比重 41%。年均用水量中，年均居民生活用水 7 亿立方米，年均农业用水 118 亿立方米，年均工业用水 60 亿立方米，其他用途 20 亿立方米。由此看出，农业是用水大户，占全国用水总量的 60%。灌溉则是农业主要用水方向，占农业用水量的 77%，占全国用水总量的 46%。

哈萨克斯坦的水资源问题主要表现为两点：

一是水资源短缺。哈萨克斯坦 2014 年《水资源管理国家纲要》认为，参照该国 2012 年的发展速度和用水规模，加上气候变化因素，并假设与邻国签订水量划分协议（即上下游国家公平合理地利用跨界水资源），预计到 2040 年，哈萨克斯坦国内每年地表径流量将减少 114 亿立方米（其中境外流入的水量从 447 亿立方米减少到 326 亿立方米，其中从中国每年减少 77 亿立方米）；每年耗水量 246 亿立方米；全年取水量 297 亿立方米，其中农业 211 亿立方米，工业取水 71 亿立方米，居民生活 15 亿立方米。届时，哈萨克斯坦全国实际可利用的水资源仅能满足一半的耗水需求，即缺水 122 亿立方米。尽管其中 110 亿立方米可通过国内措施消化，仍有 10 亿立方米无法解决。《水资源管理国家纲要》认为，通过若干综合措施，可解决短缺水资源中的110亿立方米，其中：32亿立方米通过提高水资源利用效率，尤其是农业；4亿立方米通过灌溉节水和土壤保湿措施；59亿立方米通过应用和实施现代化水利设施；16亿立方米通过改善农作物种植结构，既节水，又提高增加值；11亿立方米通过居民生活公用设施改造；提高水资源使用费标准，其中工业用水平均不低于200坚戈/立方米，居民用水不低于300坚戈/立方米，农业用水不低于5坚戈/立方米。

二是水污染。据2014年《水资源管理国家纲要》数据，哈萨克斯坦水质状况堪忧。每年15亿—20亿立方米废水未经处理直接排放，全国只有29%的居民用水在排放前得到二次处理。全国88项水质安全指标中只有13项合格，污染主要来自矿山、冶金、化工、农业和居民用水等。每年因水质差而致死的居民占居民死亡率的0.9%（高于美国0.4%和英国0.1%的水平）。

造成哈萨克斯坦境内水污染问题的主要原因有工业、采矿业、加工业、城市建筑业、畜牧饲养业、灌溉农业的污水排放；各种沉沙池、固体、液体废料存放场所、农业化学品的滥用灌溉及石油产品的贮藏罐对土壤污染造成对水源地的污染；跨界地区因工业经济发展，在流入哈萨克斯坦境内时水体已经造成的污染。这三个州的入河污水量约占总入河量的90%，其中，阿拉木图州的污水量就占全国总量的一半。从境内主要河流及水体的污染指数来看，污染程度较高的有巴尔喀什湖、伊犁河、锡尔河、楚河、努拉河。污染较轻的有乌拉尔河、托波尔河、额尔齐斯河。主要污染物为铜、亚硝酸氮等，这与以工矿业开采为主的经济结构密不可分。

为提高水资源利用效率，应对水资源短缺，哈萨克斯坦政府计划采取的措施：

一是加强水资源综合管理。如由多部门交叉管理向垂直管理转变、完善和提高水费、增加森林覆盖率、跨区域水量调节、完善立法和国家标准、建立信息和资料库等。

二是合理开发和利用水资源。如调整工农业和居民用水结构、增加水资源来源（地下水、回收水、循环用水等）、应对灾害等。

三是改善水供应体系。既保障水质安全，又减少在途运输损失，如完善灌溉体系和水渠系统、改善市政管网、提高自来水供应普及率、完善计量措施、土壤保湿等。

四是推广节水意识和节水技术、设备、设施。如应用滴灌、喷灌、人工降水、加装水表、循环利用、回收水利用、提高水费等。

五是加强污水排放管理和提高污水处理技术、设备、设施。减少污染，提高水质和水资源循环利用。

六是加强水利基础设施建设。如兴建或改造水库、疏通河床、引水渠等。

七是筹建“国家水务集团”（Национальная водохозяйственная компания），统一协调国内水资源开发利用和国际合作，如水利建设、地表和地下水利用、跨流域水资源调节利用、城乡供水系统、确定和收缴水费等。

八是加强宣传和人才培养。如国家水资源状况、缺水难题、节水意识和技能等。

九是加强跨界河流国际合作，如建立水量和水质监测监控站，包括在邻国境内共同合作；利用计算机模型研究预测跨界河流的水量变化；制定中亚水资源综合利用纲要；在借鉴国际经验的基础上制定综合谈判战略；加强谈判和签署有关跨界河流的国际协议；签署长期水量分配协议等。

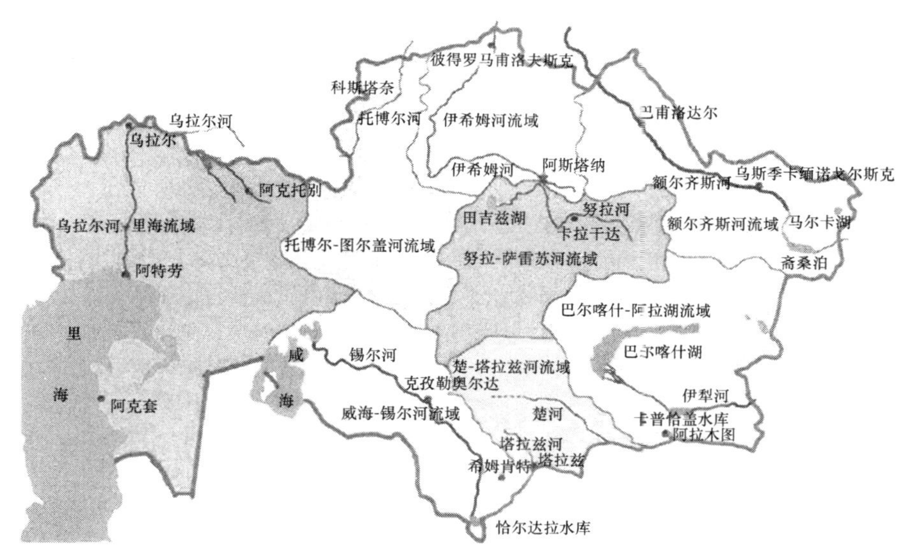

哈萨克斯坦流域分区示意图

哈萨克斯坦可利用淡水资源总量统计（亿立方米）

年份	2010	2011	2012	2013	2014
降水	8776	8749	7059	9403	7466
蒸发	8004	8176	6567	8653	6831
境内流量	772	573	492	750	635
境外流入	664	445	435	461	463
可利用淡水资源总量	1436	1018	927	1211	1098

资料来源：Комитет по статистике РК，Главная > Экологические индикаторы мониторинга и оценки окружающей среды > 7. Возобновляемые ресурсы пресных вод，http：//stat. gov. kz/faces/wcnav_externalId/ecolog-C-7?_afrLoop = 24269250968147051 #% 40% 3F_afrLoop% 3D24269250968147051 % 26_adf. ctrl-state% 3Dtvtcw8zjk_76。

哈萨克斯坦用水统计

单位:(亿立方米)

年份	2005	2006	2007	2008	2009	2010	2011	2012	2013	2014
地表水取水量	236.45	200.712	215.97	191.84	203.093	226.256	208.11	202.56	214.55	220.26
地下水取水量	11.52	11.728	12.17	12.9	12.287	11.864	11.37	11.33	10.75	10.52
淡水取水量	247.97	212.44	228.14	204.74	215.38	238.12	219.48	213.89	225.3	230.78
水资源利用指数(%)	2.8	2.4	2.5	2.3	2.4	2.7	2.4	2.4	2.5	2.6
在途损失	33.8	31.7	34.8	26.2	25.1	26.4	32.0	29.3	28.5	28
可获得的淡水量	247.6	212.1	227.8	204.5	215.1	237.9	219.2	213.6	225.0	230.5
居民用水	8.88	9.26	9.02	9.8	9.4	9.17	9.48	8.84	8.26	8.56
农业用水	191.94	140.88	150.05	125.04	136.47	143.79	138.26	136.88	151.51	148.38
其中灌溉用水	146.8	113.6	110.23	102.55	107.46	106.17	112.37	113.18	116.28	116.76
加工业用水	41.53	43.97	49.86	50.88	48.56	53.98	54.58	52.77	55.02	56.36
电力用水	1.32	7.55	7.81	7.98	8.44	8.6	8.59	9.1	7.9	7.88
其他经济活动用水	4.3	10.78	11.4	11.04	12.51	22.58	—	6.3	2.61	9.6
居民用淡水	6.94	6.98	7.09	7.35	7.42	7.51	7.9	7.24	7.11	7.32
农业用淡水	138.94	109.44	115.12	100.02	109.32	117.03	93.73	91.41	97.74	121.47
其中灌溉用淡水	81.67	85.35	86.65	81.63	88.93	90.5	90.66	88.4	94.86	94.85
加工业用淡水	40.18	39.58	44.89	45.77	43.71	48.53	51.73	52.4	54.77	55.92
电力用淡水	1.29	6.98	7.09	7.35	7.42	7.51	7.45	7.45	7.45	7.45

续表

年份	2005	2006	2007	2008	2009	2010	2011	2012	2013	2014
其他经济活动用淡水	2. 81	9. 71	10. 26	9. 98	11. 26	20. 32	—	5. 67	2. 61	9. 6
GDP 总量(以 2011 年不变价格计算,亿美元)	2366	2619	2852	2946	2982	3199	3439	3611	3828	3992
每万美元 GDP 用水量(立方米)	905. 4	690. 3	677. 8	606. 0	638. 2	661. 9	545. 2	511. 1	514. 1	508

资料来源：Комитет по статистике PK，Главная > Экологические индикаторы мониторинга и оценки окружающей среды > 8. 3 аборпресныхвод，http://stat. gov. kz/faces/wcnav _ externalId/ecolog-C-8？ _ afrLoop = 24270389026815194 #% 40% 3F _ afrLoop% 3D24270389026815194% 26_adf. ctrl-state% 3Dtvtcw8zjk_120。

哈萨克斯坦主要河流（湖泊）污染指数

年份	2010	2011	2012	2013	2014	2010—2014 年平均
额尔齐斯河	1.01	1.03	0.94	1.23	1.01	1.04
乌拉尔河	0.92	0.95	0.82	0.95	1.07	0.94
锡尔河	2.48	2.28	2.08	2.09	2.16	2.22
努拉河	2.32	2.03	2.72	2.09	3.87	2.61
伊犁河	2.33	1.73	1.36	1.32	1.43	1.63
伊希姆河	1.58	1.89	1.87	1.69	2.22	1.85
楚河	2.65	1.83	2.56	1.89	1.97	2.18
塔拉斯河	1.65	1.37	1.55	1.56	1.54	1.53
托波尔河	1.20	1.84	1.26	1.64	2.73	1.73
巴尔喀什湖	2.51	2.48	2.38	2.70	1.94	2.40

资料来源：Статистический сборник《ОхранаокружающейсредыиустойчивоеразвитиеКазахстана2010－2014》，Астана 2015，6.5Качественноесостояниеводосновныхрек，стр. 44。

四　森林

哈萨克斯坦关注森林管理的法律法规和发展战略文献主要有《森林法》《生态保护法》《国家生物安全框架》《2007—2024 年林地中长期发展规划》《防治荒漠化十年计划 2005—2015 年》《2007—2024 年可持续发展过渡方案》，森林不仅调节气候、净化空气，也是哈萨克斯坦境内 86% 生物多样性的拥有者。这些文件规定：对全国范围内的针叶林、梭梭林等原则上禁止采伐；木材采伐企业须具有政府颁发的相应资质才可从事相关业务；木材采伐须通过招投标形式进行；采伐森林的同时需对森林给予保护，保证其具有10—50年的长期利用价值；设立森林保护区；设立森林更新、灾害防治和保护基金（按一定比例从森林企业的商品中征收）等。

受气候条件影响，哈萨克斯坦国土分类中的林地面积2014年1月1日为2928.54万公顷，仅占国土总面积的10.7%（其中梭梭植物占48.9%，灌木植物占23.5%，针叶植物占13.6%，落叶阔叶林占12.1%，硬叶阔叶林占0.8%）。农用地中的森林面积为1259.39万公顷，覆盖率为4.6%；私人所有的林地面积657公顷；国家所有的林地中，78%归属各地方，22%归属农业部森林和动物委员会管理。境内共有1600公顷育种基地和626.41万公顷林地保护区（包括11个国家自然公园、10个国家禁猎区、5个国家储备区）。

哈萨克斯坦境内的木材拥有量中，针叶林木材占62%（约2.5523亿立方米），其中松树占26.2%（约1.0803亿立方米），阔叶林占33.7%（约1.3876亿立方米），白桦林占21.4%（约0.8333亿立方米）。哈萨克斯坦木材年产量极少，只能满足一小部分国内需求，大部分需要依靠进口补充。

哈萨克斯坦森林面积统计（万公顷）

		2010 年	2011 年	2012 年	2013 年
1	国土面积	27249. 02	27249. 02	27249. 02	27249. 02
2	森林面积	2841. 94	2866. 2	2878. 67	2878. 81
3	森林覆盖率	10. 5%	10. 6%	10. 6%	10. 5%
4	其他植物面积	1230	1240	1250	1259. 39
5	其他植物覆盖率	4. 5%	4. 6%	4. 6%	4. 6%
6	原始森林和人造林总面积	2841. 94	2866. 2	2878. 67	2878. 81
7	其中：其他自然再生林	5. 11	5. 7	5. 87	5. 87
9	其中：植树造林	92. 38	91. 77	92. 04	92. 31
11	森林和生物多样性自然保护区	2866. 2	2878. 67	2878. 81	n/a
12	其中：保护林面积	0. 57	0. 58	0. 58	0. 62

资料来源：МинистерствоЭнергетикиРеспубликиКазахстан，Национальныйдоклад《СостояниеокружающейсредыРеспубликиКазахстан》，09 сентября 2015，2. 4. Лесныересурсы. 2. 4. 1. Общая характеристика лесного фонда，Таблица 2. 17 Леса и прочие лесопокрытые земли，http：//energo. gov. kz/index. php？id = 2087。

哈萨克斯坦森林管理的主要难题：一是防火。境内气候干燥且风大，若遇火种，极易引发森林火灾。哈萨克斯坦林业部门预算支出的近一半用于防火经费。烧荒、野外吸烟、不合理的采伐作业、雷电等是森林火灾的主要原因。二是木材砍伐。尽管哈萨克斯坦油气资源丰富，但因国土面积大，居民居住分散，边远地区的热力来源主要依靠木材。三是森林病虫害。截至 2014 年 1 月 1 日，哈萨克斯坦境内共有 36.3267 万公顷森林受病虫害侵扰。主要病虫害有白蛾、松阿扁叶蜂、异担子菌、松毛虫、苹果巢蛾、舟蛾、土壤杆菌、尺（蠖）蛾等。一方面，大部分受害森林只能砍伐掉；另一方面，病害规模呈扩大趋势，政府措施的抑制效果并不明显。

哈萨克斯坦森林灾害统计

年份	2011	2012	2013	2014 年 9 月底
火灾次数	465	665	274	561
过火面积（公顷）	3154	6606	1154	3968
非法砍伐次数	769	830	394	354
非法砍伐数量（立方米）	4152	3980	3023	1910

资料来源：МинистерствоЭнергетикиРеспубликиКазахстан，Национальныйдоклад《СостояниеокружающейсредыРеспубликиКазахстан》，09 сентября 2015，2.4.2. Воспроизводстволесовилесоразведение（лесовосстановление），http：//energo.gov.kz/index.php？id＝2087。

哈萨克斯坦保护森林的主要措施有：第一，加强人工造林。因森林覆盖率低，依靠原始森林自然生长恢复植被速度很慢。政府在条件适宜的地方（尤其是水资源附近）大量种植速生林，主要树种有河滩白杨、黑杨和白柳。第二，鼓励民间开发利用森林价值，既保护森林，又增加林业收益。据统计，截至2014年上半年，哈萨克斯坦境内共有938家企业居民，共租赁150万公顷国有林地，从事森林保护性利用，其中110万公顷被83家（人）从事林业采伐利用，开发期10年，年采伐量130万立方米；其余林地用于疗养、家庭副业、狩猎、种植果园、科研等。

五 自然灾害

哈萨克斯坦境内的地质灾害主要表现为暴雪、雪崩、洪水、泥石流、滑坡、地震等。每年受灾面积约占国土面积的13.5%，涉及人口约占全国总人口的1/3，主要分布在东部和东南部，也是工农业相对集中和发达的地区，如阿拉木图、江布尔等。雪崩、滑坡和泥石流主要发生在山区。哈萨克斯坦境内几乎所有山区都存在滑坡和崩塌危险，尤其是天山山系的准噶尔阿拉套山、外伊犁河阿拉套山等地。这些地区气候较干燥，风化严重，地表植被缺乏，降雨变率大，表层土壤和石质相对疏松，容易发生自然灾害。水灾主要发生在春夏交际，主要是融雪造成。暴雪灾害主要发生在冬春季，短时间内大量降雪，阻碍交通，气温骤降。

据统计，2011 年，哈萨克斯坦共发生各类紧急情况 1.8594 万件，其中自然灾害 3271 件（占 17.6%），造成 2727 人受伤，561 人死亡（96.6%死于洪灾）。2012 年，哈萨克斯坦共发生各类紧急情况 2.0070 万件，其中自然灾害 3115 件（占 15.5%），造成 2569 人受伤，547 人死亡。2013 年，哈萨克斯坦共发生各类紧急情况 1.6541 万件，其中自然灾害 2348 件（占 14.2%），造成 2247 人受伤，445 人死亡。2015 年，哈萨克斯坦共发生各类紧急情况 1.7678 万件，其中自然灾害 2665 件（占 15%），造成 2329 人受伤，553 人死亡。①

从地质条件看，哈萨克斯坦的地质构造带的构造单

① Комитет по чрезвычайным ситуациям Министерства внутренних дел Республики Казахстан,《Анализ за 12 месяцев 2015 г》, 22.01.2016,《Обзорно - аналитическая информация о выявленных тенденциях развития чрезвычайных ситуаций природного и техногенного характера, происшедших на территории Республики Казахстан за 2015 год》, 1.7. Чрезвычайные ситуации природного характера. ликвидация чрезвычайных ситуаций. инспекционно-надзорная деятельность в области предупреждения чрезвычайных ситуаций. http://emer.gov.kz/index.php?option=com_content&view=article&id=31028%3A-11-2015-&catid=72%3A2011-07-29-06-18-40&Itemid=40&lang=ru.

元自北而南依次为：山区阿尔泰南缘褶皱带、阿尔泰褶皱带、扎尔马—萨吾尔褶皱带、成吉斯—塔尔巴哈台褶皱带、巴尔喀什—准噶尔褶皱带、准噶尔中间地块、穆云库姆中间地块、北天山褶皱带。这样的地质构造使得哈萨克斯坦成为地震多发国家（尤其是南部阿拉木图一带）。从地质构造看，中亚地区围绕吉尔吉斯斯坦存在一个天山断裂地震带，吉尔吉斯斯坦南部的巴特肯到中国沿线、西部与乌兹别克斯坦交界地区（费尔干纳盆地）、北部与哈萨克斯坦交界地区这三个地区都存在较大的地震风险。1911 年 1 月 3 日，哈萨克斯坦南部城市阿拉木图曾发生 8.4 级地震，1966 年 4 月 26 日，乌兹别克斯坦首都塔什干曾发生 7.5 级地震。2011 年 5 月 1—2 日两天之内阿拉木图连续发生 9 起 4.2—5.5 级地震，7 月 20 日吉乌交界的费尔干纳地区发生 6.3 级地震。

六　中哈环保合作的意义

当前，环境污染和破坏在一定程度上是影响中国和哈萨克斯坦发展的因素，而提高环保标准，发展环保科技，生产环保产品，开发生态资源，普及环保意识，贯彻"可持续发展"和"环保优先"国策，等等，成为促进各国经济发展和改善民生的重要方式。另外，部分环保话题已成为两国领导人会晤时的必谈内容，无法回避，只能勇于面对和处理，比如跨界水资源管理、中亚地区的高山雪线萎缩，水资源面临短缺；调整能源结构，应对气候变暖；成员国的进出口和招商引资出现环保要求增多趋势等。由此，保护环境、加强环保合作成为中哈两国的主要需求之一。

开展和加强环保合作对中国有诸多好处和积极意义：1. 推动符合我国利益的环保国际立场和国际立法。通过就国际环境条约、国际环境热点问题等协调立场，达成一致意见，可以增强我国在国际环保领域的发言权，避免通过对我国不利的国际条款。2. 维护我国负责任大国形象。我国已是世界第二大经济体，具备一定经济实力，可在改善地区生态环境等事务中发挥更大作用，其他国家也对我国抱有一定期望。削弱国际社会对我国"只知开发，不懂得保护""破坏生态环境""掠夺自然资源"等误解和指责。3. 改善我国西部环境。我国西部与中亚和俄罗斯接壤，地理条件相近，一些环境问题具有区域共性，需大家协同治理才能取得良好效果。如防治沙尘暴等。4. 推动我国环保科技发展。各地均根据本地具体情况，总结出环境治理的有效方法，其经验教训值得交流共享、借鉴学习。比如节水技术、水污染、盐尘治理、土壤盐碱化改造等。5. 促进我国环保产业发展，扩大环保国际贸易。我国环保技术设备在诸多领域具有国际先进水平，性价比高，可在欧亚市场扩大份额。6. 利用民间环保组织推进民间交流。无论是我国自己的环保组织，还是借助国际环保组织，如国际雪豹组织、世界自然保护联盟（IUCN）等，均有助于加深了解，巩固友谊。

中哈两国的环保合作范围广泛。大体上可分为三大类：1. 环保政策协调，如应对气候变化的立场；环保立法；环保标准；环评机制；环保资料数据库、环保信息通报机制等。2. 环保经济技术合作，如技术和设备贸易、产业合作、自然保护区等具体合作项目。3. 环保能力建设，如环保培训、研讨会、环保理念、环保 NGO 论坛等。具体合作领域可有：1. 大气污染（主要是工业排放物）；2. 水污染（生产和生活排放，尤其是重金属工业污染和农业有机物污染)；3. 土壤质量下降（如污染、过度灌溉等)；4. 固体废物管理（主要是放射性物资和重金属废物)；5. 山地环境保护（地质灾害、森林火灾、森林砍伐、矿山开发、过度放牧、过度旅游休闲开发、由雪山和河流带来的盐碱化等)；6. 跨界自然保护区和保护生物多样性；7. 紧急救灾合作。比如石油泄漏、化工厂爆炸、地震后救灾等；8. 应对气候变化等。中哈两国宜在可持续发展框架下交流环保政策经验，彼此学习、互为借鉴，共同提高环境管理能力；宜在求同存异，寻求共识的原则基础上，以项目实施推动实质性合作；宜借助环境交流与合作增进传统友谊，实现本区域的和谐发展；宜与其他区域合作机制配合，特别是联合国机构和世界银行、亚行等国际金融机构，还有拯救咸海国际基金等，共同致力于环境改善。

当前，中哈合作的生态环保风险主要表现为：1. 中国西部与哈萨克斯坦同属生态脆弱区，总体上干旱缺水，环境承载能力有限，对高污染和高耗能企业投资限制较多。2. 哈萨克斯坦对环保越来越重视，相关法律法规不断出台，技术标准不断提高，成为项目可行性评估的重要指标。3. 非政府环保组织较发达，加上民众环保意识较强，因环境污染等问题极易引发民众不满，造成舆论被动。当前，中哈环保领域的最大问题是跨界水资源。中方始终坚持“公平合理，不损害邻国利益”原则。但哈方认为，中国经济发展太快，上游用水量增长迅速。额尔齐斯河年提水量已从原先的10亿—15亿立方米增加到15—20亿立方米，很快突破20亿立方米（未来最高预计达50亿立方米），超过下游维持生态平衡和正常生产生活所需水量的极限。另外，中方每年从伊犁河提水灌溉40万公顷田地，未来可能扩大到60万公顷土地。现在伊犁河流入哈萨克斯坦的水量每年约120亿立方米，未来可能减少到100亿立方米，将对哈萨克斯坦境内的卡普恰盖水库和巴尔喀什湖造成威胁，增大盐度甚至干涸。至今为止，两国已签署的政府间协议成果主要有：2001年9月12日《关于共同利用和保护跨界河流的合作协定》，同意建立“利用和保护跨界河流联合委员会”（联委会2003年在北京举行第一次会议，至2013年年底已举行12次会议）；2006年12月20日《关于相互交换主要跨界河流边境水文站水文水质资料的协议》和《关于开展跨界河流科研合作的协议》；2010 年 9 月 13 日《关于共同建设霍尔果斯河友谊联合引水枢纽工程协定》和 11 月 13 日《跨界河流水量分配技术工作重点实施计划》；2011 年 2 月 22 日《跨界河流水质保护协定》；2013 年 9 月 7 日《关于共同管理和运行霍尔果斯河"友谊"联合引水枢纽工程的协定》及其实施细则。未来，两国将重点关注跨界河流的水量分配问题。

分报告四

“丝绸之路经济带”与哈萨克斯坦“光明之路”计划对接中的社会舆论环境

许　华

自中哈建交至今，两国交往日益升温，不仅是好邻居也是全面战略的合作伙伴。习近平主席提出的“丝绸之路”与哈方纳扎尔巴耶夫总统倡议的“光明之路”不谋而合，两国在此背景下展开了一系列涉及工业基础、能源基础、物流基础、农林产业等领域的多项合作。中哈务实而高效的合作成为两国社会知识精英与舆论高度关注的对象，一些国际智库和媒体也站在各自的立场上对中哈合作进行了解读。

一　哈社会舆论中的中哈关系与合作

2013 年 9 月 7 日，习近平出访哈萨克斯坦时提出了“以创新的模式，以点带面，从线到片，逐步形成区域大合作”，构建“丝绸之路经济带”。哈萨克斯坦提出“光明之路”，致力于推进交通、能源、工业以及社会方面的基础设施建设，规避全球经济危机的影响，保障经济持续发展。中哈两方在此观点上达到了高度契合，哈方有项目需求，而中方有资金、技术优势，两方将在互补的基础上展开大规模产能合作。

在哈萨克斯坦，在决策层希望加强与中国的合作的政策导引下，哈方主流媒体客观报道中哈关系并欢迎扩大双方的合作与交流。总体上看，哈方社会舆论对中哈交流有着积极的评价，认为中哈模式率先行走“一带一路”对于中哈两方意义深远。《哈萨克斯坦真理报》特别设立一个部门，围绕“一带一路”的选题制作节目，向哈萨克斯坦民众和国际社会宣传该战略。哈萨克斯坦哈萨克国际通讯社社长道连・季亚罗夫认为：“‘一带一路’是一个良好的契机，能共同创立一个开放和包容的平台，两国在一带一路框架下的良好合作也预示着我们共同的美好未来。哈萨克斯坦和中国，都在不断积极地为亚洲及全世界提供新的发展机会和发展空间。”①

2015 年 9 月，俄罗斯塔斯社报道了中哈将合作拍摄“丝绸之路”3D 动画片。参与动画片制作的哈萨克斯坦计算机绘图（Computer Graphics）工作室负责人埃尔纳尔·库尔马舍夫认为：“‘丝绸之路’项目的构想现在非常切合现实。复兴丝绸之路的主题不仅在哈萨克斯坦和中国，而且在欧亚经济联盟的其他国家也受欢迎。”② 在 2015 年的“一带一路”媒体合作论坛上，哈萨克斯坦重要媒体的代表呼吁哈中两国有识之士能投入到共建“一带一路”的宏大工程中，推动双方企业界、文化界进行更为广泛和充分的交流，共建命运共同体，正如纳扎尔巴耶夫总统所说，“让我们共同迈步，迎接光明和美好的

① ［哈］季亚罗夫·道连：《把握发展机遇，媒体不能缺席》，《人民日报》2015 年 9 月 22 日特刊。

② 塔斯社 9 月 9 日电报道，哈萨克斯坦和中国工作室将联合拍摄关于丝绸之路的 3D 动画片，计划将在 2017 年制作完成，面向全球公映。

未来，并且去创造我们共同的繁荣”。

但仍然有媒体或专家有意或无意地误读甚至曲解中哈全面战略伙伴关系。

一是把中国形象塑造为“资源掠夺者”。2013 年 1 月，哈萨克斯坦政治学家萨特帕耶夫撰文渲染中国扩张会给哈萨克斯坦带来的隐患，如石油天然气领域被中国人控制、人口压力、哈萨克斯坦经济对中国投资的依赖、北京大肆开发利用跨国河流造成的生态灾难等。

二是抱怨哈方在两国合作中吃亏。哈萨克斯坦一些自由派势力认为，政府在与华接触时太过天真。例如，前哈萨克斯坦驻华大使穆赫塔尔·奥耶佐夫对媒体暗示称，哈萨克斯坦缺乏中国国内国际政治方面的专家，使政府对北京在该国乃至中亚地区的长远策略一无所知。他还对当前哈萨克斯坦国外情报部门分析中国对该国全面意图的能力持怀疑态度，强调政府在跨国水资源等关键问题上始终处于劣势。

三是渲染中国的人口扩张。2013 年 8 月 12 日，哈萨克斯坦“宗教与语言”青年运动组织举行新闻发布会，称哈萨克斯坦当局将与中国签署免签协定。该组织认为，如果此事被落实将导致中国在哈萨克斯坦的扩张，危及哈萨克斯坦自身的存在，呼吁阻止大规模集会反对与中国互免签证。尽管哈萨克斯坦工业和新技术部旅游业委员会主席赛马萨耶夫和外交部副部长解释，免签范围仅限于旅游团，但依然刺激到了哈萨克斯坦媒体和网民。在哈萨克斯坦，评论两句中国扩张，是一件轻而易举的事情。例如，网民伊曼拜留言说："如果你乘飞机前往哈西部地区，你在那里遇到的居民60%—70%都是中国人。据官方统计，已经约有5000名中国人获得了哈萨克斯坦国籍。哈萨克斯坦国家安全面临的风险很大。"

"宗教与语言"青年运动组织负责人马迈的观点更悲观："直到今天，我们都不知道在哈萨克斯坦的中国人的准确数量。据官方统计，在哈萨克斯坦的中国人只有两千、三千，但专家估计，在哈萨克斯坦居住和工作的中国人约有30万。只要去阿克塔乌、阿克托别等城市看看，就知道有多少中国人在哈萨克斯坦油气部门工作了。"

2007年在哈萨克斯坦进行的一次民意调查显示，68%的受访者认为，在自己居住的城市有中国移民；逾1/3的受访者觉得，本地的中国人非常多。虽然大部分受访者对中国移民持无所谓的态度，但较之东部民众，盛产油气的西部地区的民众的态度少了些宽容。

四是指责中国滥用水资源。穆赫塔尔·奥耶佐夫接受媒体采访时称，中国出于本国利益支持开发跨国河流。他说，一些文件上提到，尽管北京公开的表态冠冕堂皇，实际上中国不打算尽快与哈协商解决水资源问题，将继续在跨国河流上进行水利工程，为自己蓄水。中国人需要的不只是哈萨克斯坦的石油和天然气，他们正在打造进一步侵蚀中亚和哈萨克斯坦领土的平台。奥耶佐夫声称："中国人正从本国境内向中哈交界地区大迁徙。他们修建宏伟的城市和道路。"

当然，尽管在哈萨克斯坦等国存在"中国威胁论"，也有比较客观理性的声音对自由派和民粹势力予以反驳。2014 年 11 月 3 日，俄罗斯信息分析中心网站发表对哈萨克斯坦战略研究所主任研究员康斯坦丁·瑟罗耶日金的访谈录，题为《中国通多，但没有中国问题专家》。针对哈萨克斯坦媒体中的中国形象和不时呈现的"中国威胁论"，瑟罗耶日金认为，不能把所有的问题都推到中国身上。他讲到，中国在哈萨克斯坦传媒中的形象是个非常复杂的问题。"往往报道中国的那些人，也就是屈指可数的几个人。从某种意义上说，这是按照订单写的文章。"他提出，在河流问题、水资源利用问题、石油开采等问题上都是互利互惠的，没必要在一些问题上诋毁中国。①

瑟罗耶日金曾出版过俄文版的《哈萨克斯坦用得着害怕中国吗?》一书。他对俄语记者讲，想加入世界贸易组织，但害怕中国移民，不可能两全其美。世贸组织的规则允许劳工流动，于是产生了各种恐惧症，因为在哈萨克斯坦中国劳工每年有1万人至1.5万人，这不算多。每年中国入境人数约6万人，主要是哈萨克族人和维吾尔族人。汉人不愿意获得哈萨克斯坦国籍，哈萨克斯坦对于他们来说只是个路过的地方或挣钱的地方，就象俄罗斯。

二　国际上一些媒体对中哈合作的评论

国际舆论场上，中哈经贸往来是媒体和智库的关注点

① 《Китаистов много, но китаеведов мало》—интервью с К. Л. Сыроежкин, экспертная оценка, 30 октября 2014, http://ia-centr.ru/expert/19404/.

之一。有的是客观报道，也有的是吹毛求疵甚至挑拨离间的滥发议论，反映了一些国家的“酸葡萄”心理。

首先，中哈合作展开的能源基础、物流基础、工业基础等项目被认为是中方对哈能源的掠夺和侵占。美媒认为中国在哈萨克斯坦所展开的基础设施工程目的是将中亚地区作为扩大全球领导力的“战略后卫和渠道”，文中指出“中国成功地迅速修建并开通了哈萨克斯坦—中国石油管道和土库曼斯坦—乌兹别克斯坦—哈萨克斯坦—中国天然气管道。在所有这些项目中，中国循序渐进地达到目的”①。2013 年 8 月 16 日，美国詹姆斯敦基金会网站发表亚历山大·基姆的一篇文章，题为《中国和哈萨克斯坦：北京影响力增加不可避免》，一方面分析中亚国家在与中国开展经贸往来中获得的巨大收益，另一方面又刻意强调中国在哈萨克斯坦境内的“经济扩张”。称哈萨克斯坦与俄罗斯的关系更自然，而“中国有‘自然资源猎人的新帝国主义形象’”。认为，中国的

① 美国詹姆斯敦基金会网站，9 月 21 日，［阿］扎比乌拉·赛波夫：《中国在乌兹别克斯坦和中亚地区的经济战略：修路通往阿富汗战略资源及其他》。

一些经济项目不受地方法律约束，例如雇用当地工人及购买当地商品和服务的规定。

其次，中国对哈方的投资被认为是中国的“马歇尔计划”。某些西方媒体分析，首先从经济视角看，中国政府通过对外投资减少外汇储备，并面向东盟、中亚等地区搞基础建设，缓解了基建领域的产能过剩，同时也推动了人民币的国际化。俄罗斯分析人士维·帕拉莫诺夫在《地区一体化是中亚稳步发展的必要条件吗?》一文中认为：北京的投资政策引起了专家的许多疑问。中国向该地区大量投资，但未采取任何确保投资安全和回报的行动。这种战略看似务实却证明了中国逐渐苏醒的帝国野心。“未来10年我们将见证中国的蜕变——从心平气和的邻国变身务实强硬的帝国。”①

再次，捏造中方在哈萨克斯坦人口扩张。2013年，俄罗斯高等经济学院东方学研究室主任阿列克谢·马斯洛夫曾妄断说，在哈萨克斯坦的中国人的数量在今后几

① 俄罗斯信息分析中心网站2012年8月23日，维·帕拉莫诺夫的一篇文章，《地区一体化是中亚稳步发展的必要条件吗?》。

年将达到500万，对总人口1700万的哈萨克斯坦而言是一个真正的“人口灾难”。借此有哈萨克斯坦媒体甚至报道称，在哈萨克斯坦油气部门从业的中国人故意“吸引大批哈萨克斯坦女性”，塔吉克斯坦专家鲁斯塔姆·海达罗夫竟称“这是中国的策略——缓慢的、谨慎的占领”[①]。俄罗斯媒体借此鼓动称，这对于哈方国家安全不失为一种挑战，尤其是联合项目中，中方人员越来越多，哈方担心本国人被“赶出去”，这种趋势表明中方不仅仅需要哈萨克斯坦的石油和天然气，最终会腐蚀中亚和哈萨克斯坦的领土。[②]

最后，有境外媒体认为中哈进一步的合作威胁了他国利益。俄罗斯媒体在《中国在中亚的扩张可能打击俄罗斯文明》[③]一文中称中国在中亚的“扩张”使俄罗斯

---

① 美国詹姆斯敦基金会网站2013年11月7日，麻省理工学院国际问题研究中心访问学者、前吉尔吉斯斯坦驻印度大使、前议会成员巴克特别克·别希莫夫和自由撰稿人雷斯克尔德·萨特克合写的一篇文章，题为《对中国在中亚“一刀切”的贸易外交方式褒贬不一》。

② 俄罗斯连塔网2013年8月13日发表彼得·博洛戈夫的一篇文章，题为《汉人来了》，副题《向中国开放边境吓坏哈萨克斯坦人》。

③ 俄罗斯军事观察网2012年1月17日，发表帕维尔·波梅特金的一篇文章，题为《中国在中亚的扩张可能打击俄罗斯文明》。

蒙受经济损失也打击了俄文明，文中引用谚语“当乌克兰人与犹太人争论谁更狡猾时，成吉思汗征服了全世界”。作者认为中国在哈方的石油、天然气开采份额逐年上涨，威胁了俄罗斯的垄断地位。同时，中方行事微妙不同于俄美欧洲文明，俄美在争夺在中亚的某些利益时，中国已经有条不紊地开展了项目的实施，这对俄文明而言无疑是一种挫败。

有俄罗斯媒体认为，俄罗斯在中亚地区面临的挑战来自中国、美国和伊斯兰势力，中国对于中亚的影响是经济方面的，不同于美国首先在政治和军事上的挑战。而鉴于中国不会对俄罗斯发出政治挑战，俄方需采取守势，力求通过一体化保持自己的影响力，这就是关税同盟、统一经济区和未来（2015 年）的欧亚联盟①。

更有国际媒体乐见中哈合作顺利成功，认为中哈合作模式更有利于哈方和平稳定与经济发展。阿根廷国际

① 俄罗斯《独立报》2012 年 3 月 5 日刊登莫斯科卡内基中心资深专家阿列克谢·马拉申科的一篇文章，题为《谁在中亚向俄发起挑战》。

发展研究中心主任马塞洛·哈维尔·德洛斯雷耶斯通过对比分析中美在中亚地区的策略，得出中国合作模式致力于双边经济复苏，愿意保证中亚国家的安全和地区稳定，同时，对于中国本身而言这种合作减少了中亚国家的穆斯林对新疆分裂分子可能的支持。美国采取的是集宣传、收购一些媒体和一些非政府组织的积极参与为一身的模式，“通过诱惑和‘颜色革命’力图将苏联加盟共和国吸引到自己的势力范围”[①]。“西方以反恐为借口，介入中亚并巩固其影响力，目的是想控制当地的矿产资源。通过阿富汗，美军能直抵中国核重镇，亦能搞得巴基斯坦寝食难安，从而让动荡在该地区蔓延。”[②] 认为华盛顿中亚战略就是以反恐为名，在中亚地区制造混乱以控制其能源流向。而中国能向这些国家提供的东西很多，不仅在经济上，而且作为美国和俄罗斯这两个更老牌的地区大国政治干预的一种替代。也有的国际媒体从大国

① 西班牙《中国政策观察》网站，6 月 20 日，阿根廷国际发展研究中心主任马塞洛·哈维尔·德洛斯雷耶斯的一篇文章，《中国对中亚的影响》。

② 俄罗斯《独立报》2011 年 10 月 14 日刊登新西伯利亚大学教授、历史学博士弗拉基米尔·普拉斯通的一篇文章，题为《无论是俄罗斯人还是阿富汗人，都对美国抛出的馅饼不感兴趣》，副题为《美国与北约追求轰动效应的行动并不能解决问题》。

地缘政治和国际战略的角度，提出中俄哈合作有利于打破单边世界格局。美国加州大学欧文分校历史和社会科学教授C. 奥斯卡·比利亚尔·巴罗索的一篇文章表达了中俄应合力开启中亚的后苏联空间①，单凭中国的经济实力与俄罗斯强大的军事实力无法对抗负隅顽抗的帝国主义，文中指出应通过上合组织与中亚国家结盟来打破世界单极格局。

日本《外交学者》杂志2013年11月6日刊登乔治敦大学外交学院硕士研究生阿伦·菲劳什在《中国的中亚姿态：为什么是现在?》一文中也持有类似观点，认为中国加强中亚地区的联系是经济与安全因素的汇聚的结果，阿富汗的安全真空带来的潜在的多层面问题，能源获取和渠道多样化的必要性，在边界一线保持一个影响区域的好处，所有这一切鼓励中国改变对其后院的态度。同样，"欧亚核心"项目负责人帕拉莫诺夫也认为俄罗斯和中国拥有在战略上最突出的信任关系。只有中国才

---

① 西班牙中国政策观察网站，2013年4月8日，美国加州大学欧文分校历史和社会科学教授C. 奥斯卡·比利亚尔·巴罗索的一篇文章，《中国和俄罗斯在多极世界的影响：中亚的后苏联空间》。

能成为苏联地区和整个苏联一体化的主要外部伙伴，构建多极世界秩序，共同、互惠地进行大规模经济开发，发展欧亚内陆地区，这些是中俄共同的利益。①

三 积极开展媒体交流，为中哈合作营造良好的舆论氛围

应当指出，与掌握着国际话语霸权的美国等西方大国以及长期占据又不会轻易放弃的中亚地区传媒空间的俄罗斯相比，中国在哈萨克斯坦文化与传媒交流方面面临空前的挑战。但是积极开展中哈合作，努力推进“丝绸之路经济带”和“光明之路”的顺利对接，将会造福于两国人民，有利于中亚地区的稳定与发展。因此，应当积极推进中哈两国媒体、文化与体育等社会交流，为中哈两国友好合作营造良好的舆论氛围。

① 俄罗斯信息分析中心 2011 年 11 月 26 日至 12 月 4 日发表多位专家就欧亚一体化与中国的关系所展开的讨论，题为《欧亚一体化与中国：虚拟专家论坛》。

（一）及时而有重点地推出符合哈萨克斯坦社会特点的国际传播内容

最近，由俄罗斯学者撰写的《习近平：正圆中国梦》一书大受欢迎。此前吉尔吉斯斯坦也率先举行了《习近平论治国理政》一书俄文版的发布会。目前哈萨克斯坦政界和知识界精英十分关注包括习近平在内的我国领导人的发展战略与外交思想。这提醒我们可借助政治领袖的影响力塑造良好的中国形象。哈萨克斯坦 2014 年进行的一项民意调查表明，习近平主席领先于各国领导人，享有世界级领袖的威望。考虑到中亚国家普遍存在尊重领袖、崇拜英雄的民族心理，通过宣介习近平主席的政治品格、人格魅力，使中国形象更直观、更具体，展示了中国人民在近几十年经历的历史变迁和取得的成绩，这比空泛地宣传我国政策更易深入人心，更能使当地民众了解和接受。

（二）丰富传播手段，提升传播水平

当前，包括哈萨克斯坦在内的中亚国家民众所获取的有关中国的信息，直接来自中国媒体的很少，绝大多

数信息来自俄美欧等第三国媒体或网络，以及本国媒体对其他国家媒体报道的转引。在当今信息技术迅猛发展，甚至国际关系都具有媒体化特征的世界，我们必须及时抓住机会，积极利用新媒体、新技术，打造一批世界一流媒体，以传播我国的声音，增强政治和文化影响力。

积极应对负面评论，明确中方责任，继续扩大交流、加深媒体合作。美国中国形象问题研究专家乔治亚·库珀·雷默提出了“淡色中国”，即如在营销领域中最能征服人的品牌是白色的。因此，中国与中亚地区开展全方位合作，应做到“润物细无声”，立足长远，认真细致地塑造中国形象和国家品牌。

（三）在双边或上合组织框架内推进与当地媒体跨国合作，拓宽中国国际传播途径和渠道

2015 年 7 月底，在上合组织框架内，俄罗斯作为当年的主席国在莫斯科召开了上合组织成员国主流媒体与智库专家高层论坛。会议的主旨在于突破西方大国的信息和话语霸权，加强上合组织国家传媒合作，共同构建统一的信息空间。为密切资讯交流，可考虑与哈方在网

络新闻、电视节目、新媒体等领域开展合作。在条件成熟的时候，可以允许跨国股份参与我国的传媒分支机构——我国媒体与当地媒体合资合作，共同兴办；中国媒体以优厚的条件向中亚媒体供稿与提供节目，拓展双方在新闻产品制作、传播与营销方面的合作领域与渠道；举办新闻交流研讨班；定期进行中国—中亚主要媒体的互访；等等。

（四）加强对哈萨克斯坦等中亚国家媒体和国际传播研究

目前学界关于中亚的历史、语言、宗教、国际关系的研究成果丰富，但是关于该地区的媒体发展、国际传播和政治传播的研究却不多，而俄罗斯和美欧学界对中亚媒体发展的关注远高于我们，如欧洲安全与合作组织、美国国际开发署一直资助有关机构对独联体传媒进行分析研究，正是在长期跟踪调研的基础上，美国才得以在中亚传媒领域开展持续有效的工作。鉴于此，我国有必要对中亚国家的国际传播现状进行梳理，研究全球化背景下中亚媒体的角色和地位，外国媒体的渗透，俄美对中亚媒体的影响等。

总而言之，习近平主席提出的“民心相通”，实质就是对中国在哈萨克斯坦等中亚地区的软实力建设的要求。我们看到，中国的发展引起了哈萨克斯坦等中亚国家的浓厚兴趣，“丝绸之路经济带”的倡议也得到积极响应。积极开展双方文化和媒体交流，将有助于增进两国人民的了解和友谊，为“丝绸之路经济带”和“光明之路”两个伟大构想的顺利对接和顺利实施，打下夯实而良好的民意基础。